U0509691

上海家长学校
名人家庭教育丛书

杨敏 主编

中国近现代名人家庭教育启示录

艺术家卷

吕沁融 著

上海人民出版社
上海远东出版社

图书在版编目(CIP)数据

中国近现代名人家庭教育启示录. 艺术家卷/吕沁
融著. 一上海：上海远东出版社，2023
(名人家庭教育丛书)
ISBN 978 - 7 - 5476 - 1952 - 0

Ⅰ. ①中… Ⅱ. ①吕… Ⅲ. ①家庭教育－中国②艺术
家－生平事迹－中国－近现代 Ⅳ. ①G78②K825.7

中国国家版本馆 CIP 数据核字(2023)第 193502 号

责任编辑　贺　寅
封面设计　李　廉

本书由上海开放大学
家庭教育教材开发与出版项目资助出版

名人家庭教育丛书

中国近现代名人家庭教育启示录. 艺术家卷
吕沁融　著

出　　版　**上海远东出版社**
　　　　　　(201101　上海市闵行区号景路 159 弄 C 座）
发　　行　上海人民出版社发行中心
印　　刷　上海信老印刷厂
开　　本　890×1240　1/32
印　　张　5.75
字　　数　110,000
版　　次　2023 年 12 月第 1 版
印　　次　2023 年 12 月第 1 次印刷
ISBN 978 - 7 - 5476 - 1952 - 0/G·1189
定　　价　40.00 元

名人家庭教育丛书

编 委 会

总序

　　每个时代各领域的名人名家通常都具有敏锐的洞察力和感知力，是新思想、新观念的传播者，也是社会变革的积极参与者和推动者。

　　作为一个有思想、有力量、有张力的群体，名人名家大多对其所在的领域有深入的理解和独特视角，能够提供有前瞻性、创新性的思想和观点，引领社会的发展方向。他们中的一部分人是社会的领导者和决策者，其决策和行为直接影响社会的稳定与和谐；他们通过自身的影响力和权威，在社会中起到调节和稳定的作用。

　　与此同时，他们也是各类知识和技术的传授者，通过教育推广、研究思考和实践行动，将自己的知识和经验传递给更多的人，推动社会的科技进步；他们作为公众人物，其言行能够对公众产生较大影响，塑造公众的价值观和世界观，助推社会奔向未来。

　　此外，他们的成功与名望，往往能鼓舞更多的人去追寻自己的目标；他们的存在就像一座座灯塔，为大众指明前行的方向。而他们在家庭教育方面的与时俱进、勇于创新，正是他们在整个社会发展中敢于尝试和创造的价值折射。

　　从宏观角度而言，近现代中国的家庭教育像浮雕一样凸显在中国教育史上。在西方社会文化思潮和教育思想涌入中国社会的同时,中国传统家庭教育自身也开始对旧式的家庭教育理念与实践展开了自我批判,并在尝试改革与重构。[①] 随着中国社会的转型,近现代中国各领域名人大家的家庭教育都发生了巨大变化。其重要特征,就是他们把科学、民主、平等的思想观念和实践行动带入家庭教育中,将家庭教育爱国育人的优秀传统和科学、民主、平等的时代精神兼收并蓄、相互融通,以适应转型社会对人才培养的要求,开创了一股更新家庭伦理和教育观念的新风气,也带来了中国家庭教育与人才培养的新时代。

纵观 1840 年至 1949 年的我国家庭教育发展史,大致可以划分为四个阶段[②]。

第一阶段,从 1840 年鸦片战争到 19 世纪 60 年代,是我国家庭教育近现代转型的沉默期。此阶段家庭教育总体上尚未突破传统模式,也未呈现家庭教育转型的痕迹。

第二阶段,从 19 世纪 60 年代至 90 年代,是我国家庭教育近现代转型的起步期。此一时期,家庭教育近现代化的步伐比较缓慢,只局限在一些高层统治者和名人大家尤其是官宦家庭中。

第三阶段,从 19 世纪末到 1912 年中华民国成立,是我国家庭教育近现代转型的发展期。在此阶段,我国家庭教育随着近

① 季瑾:《家庭教育现代化的启动与发展——计于民国家庭教育史的研究》,南京:南京师范大学,2013 年。
② 南钢:《我国家庭教育的近代转型》,兰州:西北师范大学,2001 年。

现代文化教育转型的深入而逐渐深化,在家庭教育的内容、方法、原则及理论层面都有突破性的成就,家庭教育成为一种较普遍的社会意识。

第四阶段,从 1912 年中华民国成立到 1949 年中华人民共和国成立,是我国家庭教育近现代转型的成熟期。此一时期,随着对西方幼儿教育思想、制度及儿童心理学的学习,家庭教育思想发生了革命性变革,使得家庭教育的目的、作用、内容和方法等,都显示出鲜明的近现代特征。

从发展趋势来看,这四个阶段的家庭教育转型呈现的大方向是父母对子女教育的两个转变:从注重孝道、尊重长辈和家族的传统规矩,向更加关注子女的个人发展和自由意志,注重理性思维和科学知识的转变;从传统的权威教育,向自由、平等和科学的教育转变同时,提倡男女平等和尊重个体差异。

基于这些转变,父母教育子女的方式和理念发生了巨大变化,近现代中国家庭教育呈现以下六个主要特点。

第一,注重传承价值观。近现代名人名家的家庭教育无一例外都有自己的一套核心价值观和生活哲学,他们希望通过家庭教育将这些价值观和生活哲学传承给下一代,包括对社会责任感的理解、对人生目标的设定、对成功的定义等。

第二,重视全面发展。他们的家庭教育往往强调个人的全面发展,涵盖传统文化、学业专攻、艺术爱好、社交能力等多方面的能力培养。他们的目标不仅仅是让孩子在学业上取得优异的成绩,更注重培养他们的独立思考能力、创新意识和解决问题的能力。

第三,提供丰富资源。近现代名人名家通常都拥有丰富的资源,所以他们可以为孩子提供更多的学习和成长机会,包括优质的教育资源、各种社会活动以及旅行经验等。

第四,高度参与子女的成长。在子女成长的过程中,他们大都高度参与了孩子的教育行动,对孩子的学习、活动、兴趣、理想、志趣等方面都细心关注,在必要时提供高能的指导和帮助。

第五,培养子女的自主性。近现代名人名家的家庭教育十分注重鼓励孩子独立思考和自主决策,多方面提高子女的自主性和适应性,使孩子能够更好地面对未来的挑战。

第六,国际化视野。近现代名人名家通常都具有较高的国际化视野,他们会通过各种方式让孩子接触国际文化,提升他们的国际意识和跨文化交际能力。

在此基础上,近现代中国家庭教育的发展与嬗变具有令人瞩目的价值:首先是培养优秀人才。家庭教育是培养优秀人才的基础,通过科学合理的家庭教育,可以培养出具有独立思考、创新能力和社会责任感的青年一代。其次是促进社会和谐发展。家庭教育对于社会和谐发展具有重要作用,良好的家庭教育能够培养出有健康人格和积极向上的社会行为习惯的公民,为社会的进步贡献力量。再次是传承优秀文化。中国历史悠久的家庭教育传统具有深厚的文化内涵,通过传承和弘扬这些优秀的家庭教育文化,可以使家庭教育更加健康、科学、有效,为社会提供稳定的文化基础。

以此为背景,本套丛书以近现代时期名人大家的家庭教育思想与实践为切入点,通过挖掘他们人生历程、事业成就、亲子绵延与家庭教育之间的密切关系,展现两代人、几代人在家庭教育中薪火传递、生生不息的真实图景,进而从中国家庭教育嬗变状貌中了解传统家庭教育精华与西方教育精神交融的时代特征,为当下家庭教育提供可资借鉴的思想和案例,具有深刻的理论探索与实践价值。为此,我们推出了这套"名人家庭教育丛书"。

本丛书分六册,在写作上注重三点:第一,全部内容皆从此阶段本领域名人名家的真实案例出发,立足家庭教育视角展开。第二,既保持内容的相互连贯性、体例的统一性,又注重各个分册的独立性、独到性。第三,各分册由若干篇组成,每篇之下又有若干章,每章都包含几个层次:辉煌业绩与成就、成长历程及家庭背景以及家庭教育思想和实践经验等,以期给当下家长提供切实可行的家庭教育思想指导和行动点拨。

《中国近现代名人家庭教育启示录.教育家卷》,由上海财经大学教师、复旦大学博士汪堂峰撰写。全书以"自序:别人家的孩子 自己家的孩子"为开端,而后分三篇展开。第一篇"筚路蓝缕 以启山林",从"马相伯:中西结合成就'日月光华'人生""蔡元培:宋儒崇拜之谜"两部分沉稳展开。第二篇"玉汝于成功不唐捐",包括"张伯苓:功名蹭蹬老风尘 读书有子不嫌贫""马君武:老农勤稼穑 向晚尚冬耕"两部分,写得深情款款。第三篇"布衣情愫 星河长明",则分别从"陶行知:生活即教育家庭即学校"和"章绳以:娜拉出走该怎么办"落笔,既娓娓道来,又深邃绵邈。

《中国近现代名人家庭教育启示录. 国学家卷》,由上海开放大学浦东分校张佳昊老师和上海开放大学人文学院杨敏教授联合撰写。本书以社会学视角下家庭教育的三个维度——时代维度、社会维度和人生维度为逻辑框架,紧密结合近现代的时代巨变、社会现状及大时代下纷繁多变的众生实景,通过选取一系列国学名家的人生实况,挖掘他们成功人生背后的家庭教育经验与思想。第一篇"时代机遇:西学东渐与使命创新",重在从"陈寅恪:海纳百川,有容乃大""陈垣:壁立千仞,勤学如斯""顾颉刚:融会贯通,治学有方""汤用彤:追踪时代,薪火相传"及"吴宓:精通西学,布道国学"五个案例着手,立足时代维度,清晰呈现近代西学东渐之后家庭教育面临的时代背景,国学家们所承担的、适应时代要求的家庭教育新使命,以及他们在家庭教育中具备的创新力、变革力与洞察力。正因如此,他们才能在面向复杂而充满不确定性的未来培养后代的时候,拥有清晰的理解和判断,明确的意识和能力。第二篇"社会场域:现实碰撞与行动引领",包括"赵元任:文理兼修,全人教育""黄侃:虔诚问学,家学之道""金克木:博学笃志,切问近思""梁启超:成在将来,不在当下"以及"章太炎:教书育人,太独必群"五个部分,是立足社会维度,呈现在近现代社会,国学家们作为子女融入社会的首席指导师,自身所具备的全面、客观、理性、科学的社会素养,以及他们在子女走向社会过程中的强力引导,包括清晰的意识、积极的情感和良好的策略。第三篇"人生长河：山山而川与迢迢其泽"，则是从"刘文典：魏晋风骨，师者异类""吕思勉：寓教于乐，发展天性""钱穆：家学渊源，创新传承""王国维：有我之境，无我之境"和"王力：事业家庭，兼爱兼成"五个案例着眼，立足人生维度，梳理阐述国学家们是如何把家庭当作子女人生旅行的起点和人生教育的第一课堂，为子女拥有完满人生做准备的。他们既要为子女独立人格和品格打基础，也为子女的人生发展作指引，让子女有能力走好人生路。

《中国近现代名人家庭教育启示录. 文学家卷》，由国家开放大学人文教学部副部长胡正伟副教授撰写。本书分四篇呈现近现代中国著名文学家的家庭教育方略。第一篇"谁痛苦，谁改变"，包括"鲁迅：记得当时年纪小""许地山：苦中作乐""王统照：外圆内方"和"梁实秋：人生如寄，多忧何为"，立足于德国心理学家海灵格"谁痛苦，谁就会改变"的教育思想，以四位文学家为案例阐述这样的家庭教育领悟：只有当一个人真正感到痛苦，不再愿意继续以当前的方式生活时，他才会寻求改变。第二篇"教育就像种子"，由"叶圣陶：希望他们胜似我""张恨水：甜蜜的负担""沈雁冰：与时代同行"以及"朱自清：宁廉洁正直以自清，佩弦以自急"组成，以联合国第七任秘书长、2001 年诺贝尔和平奖获得者科菲·安南的"教育就像种子，耐心培育才能开花结果"这一理念为视角，展现四位文学家家庭教育的全面性和综合性——通过培养知识、思维方式、技能以及个人品格和价值观，为儿女的发展播下一颗颗强大的种子。第三篇"每个人身上都有太阳",则涵盖"林语堂：拒绝焦虑""成仿吾：有所不为，有所为""沈从文：只用无私和有爱回答世界"与"艾芜：像一条河一样"四部分，从苏格拉底的"每个人身上都有太阳，主要是让它如何发光"这一思想高度，呈现四位文学家是何发掘和发展孩子的天赋和才能，让孩子相信自己的潜力，并致力于不断提升自己，以达到更高成就和更大影响力的。第四篇"人间至味是清欢"，由"老舍：最美不过烟火气""俞平伯：不必客气""巴金：隐没进芸芸众生"及"赵树理：愿你决心做一个劳动者"组成，站在画家米勒"家庭是我们自己的小天地，我们在这里制定自己的生活法则，在这里播种幸福的种子，灌溉快乐的秧苗，并将它们散布到世界的大园圃中"这一情感维度，同时结合宋代文学家苏轼"人间有味是清欢"的诗意人生追求，展现四位文学家是如何让孩子领悟人生的价值和意义不仅在于物质的追求和外在的成就，更在于内心的富足和平和的。

《中国近现代名人家庭教育启示录. 科学家卷》，由上海开放大学文学教育系主任、复旦大学文学博士洪彦龙撰写。本书以"自序：'做而不述'的科学人"为开端，分四篇呈现近现代中国著名科学家的家庭教育之道。第一篇"数归其道"，包括"陈建功：求学是为了我的国家，并非为我自己""熊庆来：救国育才的数学界'伯乐'""苏步青：为学应须毕生力，为民为党献余生"和"华罗庚：我们最好把自己的生命看作前人生命的延续"，重点呈现四位科学家家庭教育中的道德教育与品格养成。第二篇"物穷其理"，则通过"吴有训：与诺奖擦肩而过，为祖国奉献一生""严济慈:科'济'之光,'慈'训无双""童第周:中国人不比外国人笨"
"萨本栋:途遥路远研物理,厦府倾心苦坚持""杨振宁:横跨中
西,今古传承"与"李政道:细推物理须行乐,何用浮名绊此身"六
位科学家的个人成长和家庭教育实录,重点呈现他们对子女探
索精神、科学之道以及研究能力的培养。第三篇"地藏其宝",涵
盖"章鸿钊:藏山事业书千卷,望古情怀酒一卮""李四光:无愧大
地光,油海千顷浪""竺可桢:收回中国天气预报'主权'""孙健
初:风雨前行的阵阵驼铃"及"梁思成:宽严相济、博精结合"五位
科学家的人生轨迹,重点呈现他们在科学领域、家庭教育中宁静
致远、海纳百川的精神境界,与万化冥合的心灵领悟。第四篇
"工善其事",则分别通过"侯德榜:只要努力,泥土里也能长出惊
世的花""王淦昌:科学没有国界,但科学家有祖国""束星北:但
愿中华民族振,敢辞羸病卧黄昏""钱学森:立星辰大海之志,创
两弹一星之功"及"钱三强、何泽慧:科学伉俪的世纪之爱"的书
写,重点呈他们的科学研究之道、家庭教育之道和子女培养
之道。

《中国近现代名人家庭教育启示录.艺术家卷》,由中国福利
会吕沁融副编审撰写。全书以"自序:艺术的力量"发端,以"结
语:家庭与艺术,是追求真善美的道路"收尾,其间分三个篇章展
现近现代中国著名艺术家的家庭教育之光。第一篇"新潮与旧
地",从"旧地上的'家'""逐渐兴起的人文精神"和"自由生长的
民间艺人"三个层面铺叙,侧重描述在中西文化交融下的艺术家
们基于家庭的成长之路,通过一个个鲜活的从家庭出发走向广

大世界的追梦故事,以历史视角勾画出一个大时代的艺术人文图景,从而展现出新思潮与旧土地激荡的背景下家庭教育对艺术家的影响与成就。涉及的艺术家有黎锦晖、查阜西、梅兰芳、尚小云、荀慧生、程砚秋、骆玉笙和华彦钧。第二篇"自我与家国",则从"重塑美学教育""彰显民族本色"及"打通中西壁垒"三个部分着笔,重点阐释艺术家的"家国情怀",揭示艺术家面对动荡年代的社会责任与家庭责任,在追求个人成就的同时,是如何取舍、如何抉择,如何披星戴月、承前启后而建立起影响近现代中国艺术发展丰碑的,凸显家庭教育是社会责任培养的第一站这一真谛,涉及的艺术家有李叔同、丰子恺、杨荫浏、黄自、戴爱莲、张充和、周小燕和管平湖。第三篇"艺术与无华",则分别以"血脉相连""启智开蒙"和"生命华章"为主题,重点揭示艺术家们在辉煌成就的背后,对人间冷暖的体悟和对真善美的追求,启发当代家庭教育如何汲取这一份能量,继续将平凡的人生谱写成新的华章。涉及的艺术家包括傅聪、贝聿铭、启功、萧友梅、林风眠、木心、朱光潜及贺绿汀。

《中国近现代名人家庭教育启示录·法学家卷》,由上海开放大学人文学院院长、张志京副教授和上海开放大学普陀分校王仁或教授联合撰写。本书选取近现代中国 12 位著名法学家的成长历程和家庭教育状况为案例,分三个部分逐一展示他们带领子女奔向理想人生过程中的成就与经验。第一篇"教子行为先,身教胜言传",重点表达四位驰名中外的法学家在以身作则、身体力行方面给子女带来的重要影响,包括"梅汝璈:春风化雨,润物无声""彭真:温恭朝夕,念兹在兹""王世杰:拳拳之情,眷眷为怀"及"宋教仁:白眼观天下,丹心报国家"四个案例。第二篇"父母之爱子,为之计深远",则重点展开另外四位法学大家在教育子女过程中的高瞻远瞩、坚实铺垫给儿女带来的底蕴与机遇,包括"钱端升:人无信不立,事无信不成""沈钧儒:立志须存千载想,闲谈无过五分钟""吴经熊:猗猗季月,穆穆和春"及"谢觉哉:常求有利别人,不求有利自己"。第三篇"箕引裘随,自有后人"从世家发展与父子接力的角度展现了四位法学家在家庭教育方面的成功与效应,包括"王宠惠:守得安静,才有精进""董必武:所虑时光疾,常怀紧迫情""周鲠生:谁言寸草心,报得三春晖"及"曾炳钧:栉风沐雨,玉汝于成"。

处于历史与现实、传统与现代、本土性与世界性冲突与融合过程中的近现代名人大家,他们在家庭教育转型与更新中呈现的中西兼容的文化气质、家国一体的立世情操、薪火相传的生命精神,留下了许多家庭教育的成功范例,形成了精进笃行的优良家风,培养出大量紧缺人才。时至今日,他们虽然身影已远,但光影仍在,他们如同散落在广阔大地的蒲公英种子,在世界的不同角落开花结果,各自奉献独特的事业成就,安享平和温馨的日常生活,根深叶茂,生生不息。

"名人家庭教育丛书"编委会主任　王伯军

艺术的力量

柏拉图曾在《会饮篇》中论美是一种理念：它是永恒的自存自在，一切的美都以它为泉源，但美的事物时而生，时而灭，而它却毫不因此而有所增减。

对这永恒的、无始无终的美的追求，就是艺术。

艺术既是一种感知，即我们的眼耳鼻舌身意所能感受到的整个世界的存在；艺术也是一种探索，它可以指向任何可能，用千变万化的形象改变已有的认知；艺术更是一种表达，那些掌握一些艺术技艺的佼佼者，可以通过他们的文字、画笔、音符、刻刀、舞蹈表达他们对世界的认知与自己的态度。不同的人，接受世界的信息不同、感受不同、疑惑不同，探索途径、表达方式也就不同。所以艺术，是超越一时一刻需求的、具有更广泛情感共鸣的力量。

19 世纪末 20 世纪初，在东西方文化碰撞、社会局势动荡、国民生存危机等一系列巨变与考验中，由家庭教育奠定的一系列艺术的追求引起了我们的关注，这些个体的尝试，对于个人、家庭、社会、国家都具有深远意义，甚至开启了我国近现代艺术教育的先河。

本书的案例既有参考，亦有警醒。中国近现代的历史背景，决定了教育环境的复杂性与教育理念的多元性，不同家庭衍生出不同的教育案例，也让我们知道，教育的目的不仅仅是教会孩子如何做更好的自己，还要教会他们如何让个人的成长与时代紧密相连。

目录

新潮与旧地

自我与家国

艺术与无华

第一篇

新潮与旧地

本篇侧重描述近现代中西文化交融下的艺术家们基于家庭的成长之路,通过一个个鲜活的从家庭出发走向广大世界的追梦故事,以历史视角编织出一个大时代的艺术人文图景,从而展现出新思潮与旧土地激荡的背景下家庭教育对艺术家的影响与成就。

第一章

旧地上的"家"

　　当代家庭问题成为社会热点,生育压力、亲子关系、夫妻关系、养老问题、家庭资产管理与分配、家庭教育侧重与方法……都成为每一个家庭的课题。可以说,没有一个家庭是完美的。其实,这些现代家庭问题急剧爆发的背后,不仅仅归因于社会经济发展,还需要追溯到家庭文化层面的巨变。这种变化,大家还没有充分意识到,也没有形成相应的态度,如果沿用原有的生活方式,就会产生很多难以解决的问题。

　　论述历史,非笔者能力所及,不过参考先贤和相关论著,我们发现,中华文明对"家"的重视远胜于其他文明。在长期的历史发展中,不同时代的家庭对权威、血缘、存续、荣辱的观念都不同,形成了多种元素融合的"家"文化,也形成了以姓氏为纽带的宗式大家族。在这个大家族里,一家之主必须是最具权威的,家庭成员也必须服从,家庭成员的个人意志与欲望往往受到限制;承担繁衍与孕育下一代的重责往往被视为女性成员最重要的使命,因此不同女性生育的后代,都延续着家族的血脉,也享有继承家业的权力,子女之间既是同胞也是竞争关系,如果嫡子条件不佳,为了家族实力得以存续,会在其他子女中择优,这种竞争即使是在子女成家立业以后仍然会持续。尽管在这样压抑、充满竞争的环境中,家庭的每个成员都会恪尽职守地生活,因为只有大家族好,每个人才能有更好的生存空间,他们深知,个人的生存能力在外部环境的影响下是不足以支撑满足他们的生活所需的。用现在的眼光看,这更像一个因错综复杂的利益分配关系形成的集团,而在维护这个集团的团结方面,"母亲"起着至关重要的作用。母亲作为一家之主最亲密的伴侣,既承担着照料管理之责,还需要维护不同子女的生母之间的和睦,培养教育他们拥有维护家族利益的集体观念与为家族做贡献的荣誉感。

其实,大家族不是中国独有的,在人类发展的进程中,各民族都发挥了其推动社会强大的优势,如:欧洲的皇室贵族精神、东南亚的宗族意识,都得益于大家族的形成与发展,只是在中国,大家族的历史尤为悠久,以至于它的消亡让人那么猝不及防。与其他文明经过几个世纪的受到科技进步、社会思潮、阶级革命影响而从内瓦解族群利益不同,中国的"大家族"伴随着王朝的覆灭、炮火的冲击、民族的危难,几乎是在不到半个世纪里就被迫支离。

还尚未来得及理解"自由"与"个人意志"的人们需要快速更新自己的知识、能力与身份以面对时代的巨变,交织着旧传统与新思潮的新家庭产生了。回望那个时代人们会发现,大家族的很多残影仍会在新家庭中的各个方面显现出来,比如:在"一夫一妻"的新规定下仍然会坚持将家族的存续传统复刻到外面"模拟家庭",以求在战乱纷争不断的时代保有更多的子嗣延续家族血脉;明明子女需要独立去社会上谋生计,但大家长的权威又始终干涉或保护着子女的选择;每个青年都希望自己成为与旧思想不一样的好父母,但在从未面对过的生存压力下,又不得不变得冷漠与自私⋯⋯这些夹杂着新旧观念的矛盾,从某种程度上加剧了个人思想的改变,也进一步推动着以"家"文化为核心的社会文化发展。

一荣俱荣一损俱损的大家族时代虽然过去,但依赖大家族能获得更多生存保障、情感依赖与切身利益的家庭观念却成为那个时代的隐痛与暗疾,也成为今天我们可以回望、借鉴与警醒的某种思想与发展过程。该如何看待那个时代发生的家庭教育?尤其是冉冉升起的艺术家们,在那个复杂的年代,并没有当代认为的"完美的家庭",有些身世凄苦,有些无儿无女,有些早早的就失去了双亲⋯⋯也因为这些历史,学术界、教育界始终无法统一去评述,而在笔者看来,在不到一百年的时间里,中华民族面对王朝覆灭、外敌入侵、国破家亡的社会大动荡,仍然以"家"为核心,延绵子嗣、传承精神、播撒火种,用一个一个不屈的个体,链接起近现代中国文化的坐标,这才是值得我们当代家庭深挖的真正力量。

第二章

逐渐兴起的人文精神

民国的家庭或显赫或陈腐,或守仁或新锐……不同的家庭教育下,一个个承载着梦想的个体在逐渐兴起的人文精神影响下,散发出各自的人格魅力,成长为近现代艺术史中的大人物。

书香门第与中国流行音乐之父黎锦晖

📖 人物介绍

黎锦晖(1891—1967),字均荃,湖南湘潭人。中国作曲家,中国流行音乐的奠基人,儿童歌舞音乐作家,中国近代歌舞之父,"黎氏八骏"之一。自幼学习古琴和弹拨乐器。家乡民间音乐和当地流行的湘剧、花鼓戏、汉剧等戏剧音乐对他影响至深。1910年前在家乡读小学、中学,曾广泛接触民间音乐，学习民族乐器。1912 年长沙高等师范毕业后，在北京和长沙，任职员、编辑、音乐教员等。他重视民族音乐的教育，曾尝试着用传统曲调配上文言歌词以培养学生对民族音乐的兴趣与爱好。1916 年参加北京大学音乐团活动，曾任《平民周报》的主编，期间编写了两种歌曲集：一是《平民音乐新编》，以器乐曲为主；一是《民间采风录》，以声乐曲为主。1920—1927 年间在上海主编《小朋友》周刊，创办中华歌舞专科学校。后又组建"中华歌舞团"。1929 年组织"明月歌舞社"，并到全国各地巡回演出。1928 年组织"中华歌舞剧团"赴南洋演出。1931 年，"明月歌舞社"并入联华影业公司。抗战时赴重庆，1940 年任中国电影制片厂编导委员。中华人民共和国成立后，长期在上海电影制片厂工作，并在上海美术电影制片厂担任作曲。1967 年逝世于上海。

黎锦晖这个名字对今天的年轻人来说是陌生的，但在半个世纪前的中国，他的名字却如雷贯耳。当时上海几家外商经营的大唱片公司，都以能约到黎锦晖的作品为骄傲，每个公司的大堂上都高悬黎锦晖的巨幅画像。在近现代中国的文化界，他是位集多种成就于一身的奇人。中国的音乐史、戏剧史、电影史、文学史、教育史他都占有重要席位，在有些领域，他更无愧于"奠基者""创始人"之誉，在 20 世纪 20 至 40 年代，他创造了中国文化事业的一个个"里程碑"。当然，他最重要的成就,首先是音乐。

1927年,有个叫王庶熙的湖南"细妹"来到上海,跟一位老师学习歌舞,这位老师先把她送上舞台,后把她送上银幕。几年后,一部《渔光曲》让她走向世界,老师还送给她一个漂亮的艺名:王人美。

1930年,一个18岁的小伙子抱着一把小提琴来到上海,他也跟这位老师学习,学的是作曲。5年后他为《义勇军进行曲》谱曲,从此聂耳的名字无人不知。

1931年,也是位姑娘,叫周小红,投到这位老师门下,老师一眼看出她的天赋,教她唱歌。3年后,在上海广播电台联合歌星比赛中她获得"金嗓子"的美誉,老师也给她起了一个很有诗意的名字:周璇。

这位老师正是黎锦晖。

无论过去还是今天,音乐界都承认,黎锦晖是中国流行音乐之父。他创作的《桃花江》《特别快车》《夜深沉》《小小茉莉》《蔷薇处处开》《妹妹我爱你》等,是中国最早的流行歌曲。他的流行歌曲集《家庭爱情歌曲100首》,由上海文明书局分16册出版,在当时的中国产生过巨大的影响。他还把中国流行歌曲推出国门,一位美国音乐人出版了《黄色音乐》(黄种人群的音乐)一书,把黎锦晖称为"黄(肤)色音乐第一人",并指出:黎锦晖将中国音乐的发展向前推进了"至少二十年",黎锦晖将西方爵士乐与中国本土民族音乐结合后,在中国乃至东南亚的推广,使中国音乐向国际化发展。

20 世纪初,中国的儿童音乐教育方兴未艾,但由于教师的稀缺、音乐理论知识的匮乏等原因,只有在教会里才能听到歌唱;音乐课上的儿童歌曲,大多用外国现成的曲调,填上中文歌词。就连北阀时流行的那首至今脍炙人口的歌曲:"打倒列强,打倒列强,除军阀,除军阀,国民革命成功,国民革命成功,齐欢唱,齐欢唱。"竟也是借用一首法国摇篮曲《约翰弟弟》的曲调(《两只老虎》的曲调)。中国有原创的儿童歌舞音乐是自黎锦晖开始的。他认为新音乐与新文学运动应携手共进,学习国语应该从唱歌入手,这个思想使几代人受益。为推广国语,黎锦晖为孩子们写了 20 多部歌舞表演曲,11 部儿童歌舞剧。儿童歌舞表演曲是一种篇幅短小,情节简单,没有说白的歌舞表演曲;儿童歌舞剧则拥有完整的故事,有歌曲、舞蹈。黎锦晖依照儿童的特点,把歌曲和舞蹈结合起来,在当时深受欢迎,其影响无可估量,至今仍有大量作品流传。

这些作品,不仅在大陆风靡一时,而且波及香港及南洋各地。《麻雀与小孩》《葡萄仙子》《神仙妹妹》《可怜的秋香》《月明之夜》等歌曲流传极广。这个时期的作品大多以保护儿童创造才能、反对封建教育为主题,文字通俗易懂,音乐语言简练、生动、明快,继承和发展了沈心工及李叔同所倡导的学堂乐歌的传统。同时,他又是运用民间音乐素材的高手。在这些儿童歌曲里,民歌、小调、曲牌等均成为创作的素材。在歌曲创作民族化方面,黎锦晖无疑是一个先行者。

继儿童歌舞之后,黎锦晖转入了流行音乐的创作。《毛毛雨》《妹妹我爱你》是他早期的流行音乐作品,标志着中国流行歌曲的诞生。1928年,黎锦晖率"中华歌舞团"去中国香港和泰国、印尼、马来亚、新加坡等地巡回演出,《毛毛雨》等流行歌曲即已与他的儿童歌舞一起成为主要节目。1929年,由于经费困难滞留于新加坡无法回国,短期内编写了一百首流行歌曲寄回上海,由上海文明书局出版了16本歌集。《桃花江》《特别快车》等歌曲即成于此时,大获成功。"明月歌舞社"是中国流行乐发展中一个重要团体。中国第一代歌星如周璇、白虹、严华,流行音乐作家如黎锦光、姚敏都在这个团里。聂耳也是从这里走上音乐创作之路的。

1931年到1936年间,黎锦晖还为《人间仙子》等十几部电影配乐,其中的大部分插曲是流行歌曲。同时,他也做舞厅音乐,把民间旋律爵士化。当时的"百代""胜利"等唱片公司大量录制出版他的流行歌曲。黎锦晖的流行音乐创作奠定了中国流行音乐的基本风格,即民间旋律与西洋舞曲节奏相结合。

黎锦晖的才华不仅表现在音乐方面,他还曾编写各类教科书,编辑多种报刊,1920年到1927年间在上海任中华书局编辑所国语文学部部长和国语专修学校校长,在推广国语上,曾有过突出贡献。他一生对儿童教育情有独钟,除创作儿童歌舞剧、儿童歌曲外,还曾创办主编儿童读物《小弟弟》《小妹妹》《新少年》等。

1922年,中华书局出版了一本由黎锦晖创办编辑的"可以陶冶儿童的性情,增进儿童的智慧,使他们成为健全的国民,替社会服务,为民族增光"的儿童刊物,取名《小朋友》,4月26

日正式出刊。它印刷精美，内容包括诗歌、小说、谜语，还有小朋友自己的作品。两三期后，即成为风靡全国及南洋、日本等地的热销刊物。当时没有人专为孩子们写作，作为部长的黎锦晖就动员"国语文学部"的编辑们为《小朋友》写稿，他自己更是热情高涨，乐此不疲。2022 年，《小朋友》迎来它 100 岁"生日"，这恐怕是中国最长寿的儿童刊物。

如果说一位黎锦晖就足以光宗耀祖，那么 19 世纪末 20 世纪初，从湖南湘潭县中路铺镇菱角村黎氏故居走出的中国文字改革家和教育家黎锦熙、著名采矿专家黎锦曜、教育家黎锦纾、著名铁道和桥梁专家黎锦炯、著名作家黎锦明、一代"歌王"黎锦光、知名旅美作家黎锦扬这几个亲兄弟，他们名震三湘大地，和黎锦晖一起被誉为"黎氏八骏"，着实在中国现代史上书写了一个家族的教育传奇。

培养这八位才俊的家族对近现代文化科技事业发挥了深远的影响。黎家是个"书香门第"，曾祖父黎葆堂，清光绪十四年（1888）戊子科举人，嗜藏书，编印有《古文雅正》等书行世。他在湘潭县中路铺镇菱角村长塘组的山坳里，建造了一座青砖青瓦木结构建筑，背靠南岳七十二峰之一的晓霞山，这便是"黎氏八骏"先后出生成长的黎氏故居。

黎葆堂的儿子黎培銮（1870—1952），是四乡闻名的文人学士，字松安，晚清贡生，是国画大师齐白石的挚友，二人曾组织发起了"罗山诗社"，闲暇著有《楹联大观》《黎松庵书帖》等书。黎培銮夫人黄赓，是一个性格坚毅聪慧，自立精神极强的大家闺秀。她的父亲黄远积是举人,官至刑部主事。因她从小入学,通经、史、诗、文,所以能帮助子女们进步并获得全面发展。

富有见地的夫妻俩,敏感到时局的动荡,果断拒绝功名利禄的浮华,注重下一代思想教育。在妻子的支持下,黎葆堂辞官不做,启用"新学"教育培养子女,设立了家庭学校——杉溪学校,开设中西合璧课程。还聘请了几位有秀才功名、能掺用"新学"的教师,在讲授中国古籍《四书》《五经》的基础上,也讲授算学、格致、博物、音乐和美术等新课目。良好的家教,培养了黎氏兄弟坚韧不拔的毅力和高度的专注力。在新学与传统文化的影响下,黎氏八兄弟思想活跃,个个成就斐然。

在事业的选择上,一旦经过深思熟虑而确定下来后,则不管成功还是失败,便"只问耕耘,不问收获"地奋斗下去,有着一种"不克厥敌,战则不止"的精神。黎氏兄弟在父母的影响下接受新事物快,有着较新鲜活泼的思想和独立思考的精神。从而奠定了黎氏家族为"家"为"国"贡献己身,满门精英的家庭文化氛围。

知县父亲与百年琴坛第一人查阜西

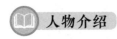 **人物介绍**

查阜西(1895—1976),名夷平,号镇湖,以字行,江西

修水人。中国琴家。13 岁学弹古琴,后在长沙、苏州、上海等地从事琴学活动,20 世纪 30 年代初在上海发起组织"今虞琴社",在琴界影响甚广。中华人民共和国成立后任中国音乐家协会副主席,中央音乐学院民族音乐系主任,北京古琴研究会会长等职。发起组织"北京古琴研究会",开展古琴音乐的学术探讨和演奏实践。他演奏的琴曲深沉、细腻,演唱的琴歌古朴、典雅。

1953 年任中国音乐家协会常务理事、民族音乐研究所通讯研究员。1959 年任中央音乐学院民族音乐系主任,1956 年率领由文化部和中国音乐家协会组织的古琴调查组,遍访全国 10 个城市,搜集、整理了大量琴学史料。后在北京古琴研究会主持下,编印了《琴曲集成》(第 1 辑,上册,中华书局,1963)、《存见古琴曲谱辑览》(人民音乐出版社,1958)、《存见古琴指法谱字辑览》(1958),以及整理了《历代琴人传》(1961)、《幽兰研究实录》(1957)和《琴论辍新》(1963)等琴学书刊,为研究琴学奠定了基础。此外,查阜西在中国音协工作中,为促进关于各种古乐的研究,对《九宫大成南北词宫谱》《智化寺音乐》等音乐的演唱、演奏做了大量工作。

在湖南津市建设路 153 号的燎原旅社,是清代澧州州判衙署旧址,也是中国古琴大师查阜西先生在津市的故居。

光绪三十四年(1908),修水查步衢任澧州州判,13 岁的查阜西随父来到津市,住在衙署后院。衙署三进,前有照墙,一进是大堂,二进是吏胥住房,三进是判官居所,三间书房,查阜西和父兄各一间。

查阜西不是第一次来津,父亲一直在湘西为吏,多次路过津市。父亲是江西修水人,查阜西在永顺出生,6 岁随父住干城(吉首)。他天资聪慧,8 岁可吟诗作对,自幼酷爱音乐,听琵琶评弹《哭五更》感极而泣。他喜欢洞箫,与哥哥、姐姐学唱湘西民歌。

查步衢到津市的第四天,福音堂的喜渥恩主教和玛丽求见新上任的州判大人,主教向州判禀报,津兰学堂更名津兰中学,分男校和女校,设师范班和护士班,这将是津市的第一所正规中学,希望得到州判大人的支持,也欢迎查公子到学校读书。查大人对芬兰医生汉纳斯的妻子玛莎不幸染病身亡,表示慰问。

州判夫人和玛丽在厢房谈话,玛丽向夫人解释基督教和天主教的差异,又介绍了芬兰的风土人情和音乐艺术,还唱了一小段咏叹调。查阜西听不懂她唱的词,只觉得她唱得真好。他想起了模范小学日籍女教师教唱的《大雪歌》《上学歌》,各国音乐的差异引起了他极大的兴趣,成为他日后研讨律学的原因之一。

查步衢虽说官居从七品,家中并不宽裕,但非常重视子女教育。晚清时期,西风东渐,中学为本,西学为用,查步衢思想是开明的,他让孩子接受新式教育,同时又不放弃传统教育。

津兰学堂和长沙稻田模范小学的课程接近,自然他同意送孩子去津兰学堂读书,同时在暑假期间,又送他到澹津书院学习国学。津兰学堂的暑假有两个多月,而书院是没有暑假的,这样孩子即不会荒芜学业,又接受了中国传统文化的教育,可以避免孩子全面西化,将来立足社会,也可适应变化,进退自如。

书院有 200 多年历史,出过解元,也出过进士,城南书院的山长也曾是这里的学生,塾师李斗清、朱渭川、赵壁城又是九澧地区的大儒。

那天,父亲带查阜西去见先生,出衙署大门东行,经衙署街、牌坊街。转弯就是刘公桥,高高的圆拱,下有舟行,门前二石狮,千姿百态。桥东的澹津书院,粉墙黛瓦,重檐飞角,高高的粉墙仿佛要与这喧哗的尘世隔开。

书院五间三进,门顶横额有镏金阴文"澹津书院"四字,两边的对联因年代久远,字迹模糊不清。山长早在门口迎候,拾阶而上,跨过高高的门槛,迎面是天井,两旁厢房是教授的居室。大成殿前有石碑,刻有龚之茗的《延光书院记》:

"澧居洞庭西澨,志称神仙窟宅,柳子厚亦称南州之美莫如澧;则以气节、文章,若屈,若宋,若车武子,代有伟人,后先光映,数千年不斁。……今上御极之六年,清河汤钧右先生以宇内名硕来守是邦,刑措政简,明年进诸士试以制科义,又明年檄南北士风以古诗文词,且构书院于澹津……"

大成殿正中供着孔子的画像，上有"万世师表"的牌位，左边是何磷的《澹津书院》："精舍依廛市，湖光清夏几，二酉近堪发，莫教车武子，喧声意内屏。山色畅春棂。千秋时易暝。独照一囊萤。"

右边是王燧的《澹津别业》："诛茅小构白沙汀，门对兰江尽日扃。新插柳枝条尚短，初成荻栅色犹青。聊存岁月编诗草，未必沉冥应酒星。一卧空林不觉晓，春风早已到闲庭。"

大成殿西侧是会馆，书院内开设经馆与蒙馆，经馆是为童试、乡试服务的，到蒙馆读书的学生一般是大成会子弟，当然州判大人的公子例外。

在山长的带领下，众人穿过长长的甬道，便到了后花园，花园北接后湖，湖中一岛，岛上有亭，一人身穿长衫，正襟危坐，抚琴高歌，远处是红桥、接龙桥和驿站。

"有美人兮，见之不忘。一日不见兮，思之如狂。凤飞翱翔兮，四海求凰。无奈佳人兮，不在东墙。将琴代语兮，聊写衷肠。何日见许兮，慰我旁徨。愿言配德兮，携手相将。不得於飞兮，使我沦亡。"

歌者浓浓的益阳口音，琴音或吟，或揉，或绰，或注，飘逸潇洒，一股淡淡的檀香味迎面扑来。山长介绍说，弹琴的正是夏伯琴先生，查阜西不由得肃然起敬。

每天清晨，查阜西夹着书包从后院的小门出来，沿河街去书院。前面不远是西班牙的天主教堂，每逢周末，修女提德曼弹着风琴，在歌声中，人们排着队，鱼贯而入，神情庄重。查阜西曾随母亲去过修道院里的育婴堂。

放学后，查阜西有时会去书院东面的城隍庙，那是城里最热闹的地方，庙前的戏台轮番上演昆剧、汉剧、荆河戏，江湖艺人也在空地上表演杂耍，小孩在人群中窜来窜去。澧阳楼素有澧阳第一楼之称，门有楹联："我欲凌风，把酒独怀千载上；又东至澧，出门一笑大江横。"大堂楹联是："持观万物表；用竞一楼雄。"艺人演唱丝弦。二楼楹联是："二分诗景八分画；楼外江声天外峰。"楼上雅座，远眺关山，近瞰津城。

次年，夏先生开始教查阜西学琴，先学琴歌，查阜西解释说："夏家的琴曲全是有词，而且全都是要演唱的。"

夏先生的老师夏正彝，是长沙著名琴师，用洞庭湖以南的六声语系讲音韵学，汪文溥评其："徐奉世闻之益阳夏正彝。其言曰：诗言志，一字一音一读，作者之事也；歌永言，深长而咏淫佚，歌者之事也；声依永、律和声，一字或转七音，为宫商角徵羽，为变宫变徵，则又乐者之事也。"他写过一部琴论，名《琴学斛》，共8篇，1914年由益阳图书馆石印。

夏先生的书架上有本徐奉世的《无欹词剩》，夏正彝所题《兰陵王》，他非常喜欢，几乎能全文背出："长公调，海宇天风缥缈。今偏又年少悲歌，千载铜琶为君抱。一时并绝倒。本是，玉堂清妙。羌无奈，天上玉楼，早促填词奉飞诏……"

放学归来，查阜西常常去药园寺，这里是战国白善的灌园,又是屈原行吟《九歌》之处,望着江中点点的渔舟,渡口荷担上岸的樵夫,他情不自禁地唱起了《渔樵问答》。

"问乾坤古往今来,任桑田沧海悠悠。阳乌月兔,飞鸟难留。天高地下,渺渺虚舟。总寄身寥廓。何虑何忧。光阴如水东流,渔人樵子,不识有王侯。信乎渔人樵子,不识有王侯。这江山与我度春秋。"

他羡慕隐士的豪放无羁,潇洒自得。琴声中,似乎看到关山深处挥斧伐木的樵子,看到澧水碧波中撒网捕鱼的渔夫,看出他们在辛勤劳作中透出的那一份从容和淡定。

夏先生常说:"唐代陈拙'弹不在多,以精为妙。……苟知声而不知音,弹弦而不知其意,虽多何益!'学琴的共中奥妙,须言传身教方得要领。"后来到了大庸,田曦明先生问他,学了什么?他说:"能二曲,皆弦而歌者,曰《凤求凰》,曰《渔樵》。"

夏家是古琴世家,先生演唱方法,讲究"乡谈折字","乡谈"就是方言,"折字"就是要求在演唱时用你的纯正的方言,把琴歌中每一字的"四呼开合"和"四声阴阳"结合起来,折转到谱音上去。因此夏先生资江流域的六声语系,和田曦明澧水上河的五声语系形成了有趣的对比。

书院不远的龙法寺,有一千多年历史,寺里的心缘大师,深得佛教音乐之奥妙,又熟悉当地民间音乐之精华,能演唱上百首的曲牌。在寺里,查阜西见到了来自各地的俗家弟子,他们师从大师,研修音乐,查阜西和父亲特别欣赏他们演奏的南传点子。

查阜西迷上了昆曲和丝弦,他在舅父荣漱石的指导下,学会《十五贯》等曲牌。他喜欢洞箫,又向表兄何光熙学习笛子。中西文化在这里合流,迷人的西洋文化和丰富的民族音乐是查阜西学习的源泉。

三年任期到了,查步衢晋大庸知县,阖家欢乐,查阜西却闷闷不乐,他不愿离开夏先生。到大庸后,查阜西一直和夏先生保持书信往来。他告诉夏先生,在大庸没有古琴,不能练琴,只是每日清唱。夏先生得知后,感叹不已,很快就寄来古琴,包括琴架和新的琴谱,查阜西又可以练琴了。

不久,他结识了琴师田曦明,田曦明师从龚庸礼。龚是清代三大斫琴师之一,平日著道装,遍游江汉各地,喜操古琴,善画山水人物,似瘿瓢子画派。长斫琴,沈兴顺评其"湘人龚庸礼以雷击木制成之无名琴等,式皆仲尼且音具古韵"。以琴授徒,前往执贽者甚多,如危雨香、谌汉卿、徐宝书等,皆其入室弟子。伊常弹曲目。有《醉渔》《平沙》《石上流泉》《忆故人》《金门待漏》等 40 余曲。

查阜西向田曦明、龚峄辉、俞味莼请教,学唱《慨古吟·客窗夜话》《陋室铭》《古琴吟》等琴歌。

武昌起义的消息传到大庸,查步衢和议长侯昌铭彻夜未眠,第二天,在城楼上竖白旗,宣布反清。两年后,查步衢赴平江任知事,查阜西在长沙中学学习。

1916 年 2 月 20 日夜,革命党李唐等人在湖南都督汤芗铭宅前狙击汤芗铭,事败露,军警围捕,李唐拉响炸弹,与军警同归于尽。平江诛拿黄组练之弟黄顾庐,查步衢请饬知调查长,嗣后派员下县协拿要犯。护国军宣称:"凡袁世凯所任官吏,一律视为逆党,立予摒弃。为维护共和、甄除国贼而奋斗。"

4月15日,护国军攻占平江县城,查步衢化装出逃,在迎瑞洞被俘。次日,查步衢夫妇殒命于月池塘。4月19日,汤芗铭呈文北洋政府,请给予查步衢二等金奖。

少年丧父,人生第一大哀事,父母双亡,查阜西悲痛不已。几十年来,他对这段历史闭口不提,外人很少知晓。汤芗铭曾任海军次长,他把查阜西送到烟台海军学校学习,在烟雨迷蒙之中,查阜西登舟离开了长沙。

关山重重,大江东去,烟雨茫茫,泛舟江上,家国破碎,时势飘零,内心的隐忍与哀恸化为琴声,融于曲中,从此,古琴成为查阜西一生依傍的事业。但得益于青少年时期,父母中西合璧、内外兼修的养育,查阜西内心坚韧而不屈,看待时势更多了一重豁达通透之能。这些艺术文化的积累,帮助他度过了艰难岁月,同时,为他成为中国近代史中融通古今音律、创承琴学正统的"第一人"。

第三章

自由生长的民间艺人

　　在这一章中,我们会看到家庭教育已经不能狭隘于血缘亲情,由于历史的遗留和时代的巨变,底层人民的生存无以保障,更不能有望于好的教育环境,有的家庭甚至选择卖儿卖女以求活路。对于这些孩子来说,成长之路无比艰辛,为了能够摆脱原生家庭的悲剧,他们不断汲取养分,来自师父的传艺解惑、来自伙伴的相互扶持、来自社会大熔炉的历练……艺术的训练恰是上天的眷顾,填补了空白的家庭教育带来的心灵创伤。他们在艺术中长大,磨炼出坚毅不屈、向善向美的精神追求。

戏台上的家风与四大名旦梅兰芳、尚小云、荀慧生、程砚秋

　　"天时""地利""人和"是中国传统文化的精魂,它们渗透

进了中国民族艺术的方方面面，在戏曲中更是体现得淋漓尽致。一方水土养一方戏，育一方曲。生长在不同地区的戏曲剧种和曲艺曲种，它们的音乐、语言千差万别，它们的表演艺术各具特色，它们的美学品格或精致或拙朴。独有的地域生态造就了千姿百态的艺术品种，这种艺术的多样态势、鲜明个性，归根结底是地域文化渗入的结果，折射出我们传统文化的多元特征。中华文化是如何影响这些传统艺术，而百花齐放的戏曲艺术又为什么会成为中华文化传播的重要载体呢？决定戏曲艺术如此高地位的，不仅仅是因为其音乐美妙动人、表演出神入化，更取决于中国戏曲艺术的灵魂——在启发个体生命意识和维系个人与"家国天下"的互动关系之中起到了关键性作用。我们去看个地方剧种或曲种，不仅仅去欣赏传统音乐表演，更要深入戏曲与信仰、戏曲与民俗、戏曲与风土、戏曲与都市、戏曲与人之间的故事，体会戏曲艺术所承载的审美意趣与人文广度。

中国戏曲和曲艺曾经是许多国人文化生活中的"流行艺术"，也是广大普通百姓接受文化教育的重要途径。在以往的岁月里，戏班艺人、说书先生，不仅以具有欣赏价值的技艺吸引观众，绵延传承，诠释"戏台小天地，天地大戏台""装文装武我自己，好像一台大戏"的艺术哲理，更是以演戏说书来针砭时事、辩古论今，从戏园、书场传递的感动人心的传统美德、民族精神，影响了一代又一代中国人。

其实，梨园中人并非如他们演绎的角色般璀璨夺目，卸下华服美饰,他们的身世凄苦、身份卑微,多是早年丧亲或是被变卖,一生以卖艺为生。童年几乎都是在颠沛流离和戏院打杂中度过,所学皆非父母所授,多是师父教其技艺、社会教其为人。如果用现在的理念去估量,这样的恶劣的成长环境,他们本无任何机会出人头地,但就是这样一群人,承担了为社会寓教于乐的重责,也给那个满目疮痍的时代,增添了美轮美奂的艺术风采,如非他们"不疯魔不成活"的执着追求,中国传统戏曲艺术恐怕就会断代,而那几个响彻历史的名字,也不会流传到今天。这是独特的教育案例,也正是我们当代教育缺失的部分。

梅兰芳、尚小云、荀慧生、程砚秋,被誉为"四大名旦","名旦"这一称若是放在现在,并不能作为男子的褒奖,但因为那时的特殊戏曲审美,他们成为中国现代京剧旦角行当中四大艺术流派的创始人。

能从一众伶人中走上舞台并成为名角,靠一己之力完成社会阶层的跨越,背后的艰辛可想而知。他们受什么样的教育? 又如何教育自己的孩子? 让我们一起走进他们传奇的人生。

国重于家　德先于艺

 人物介绍

梅兰芳(1894—1961),名澜,字畹华,生于北京,原籍

024 ▸ 中国近现代名人家庭教育启示录.艺术家卷

江苏泰州。京剧演员。梅兰芳出身于梨园世家,祖父梅巧玲是"同光十三绝"之一的著名花旦,伯父梅雨田是京剧胡琴演奏家,父亲梅竹芬是著名京昆旦角演员,母亲杨长玉是著名武生杨隆寿之长女。因父母早逝,梅兰芳从小由伯父梅雨田抚养长大。他8岁开始学戏,师从名小生朱素云的哥哥朱小霞,10岁第一次登台。在50余年的舞台生活中,发展和提高了京剧旦角的演唱和表演艺术,形成一个具有独特风格的艺术流派,世称"梅派"。

京剧大师梅兰芳和夫人福芝芳,共有九个儿女。其中五位因病早夭,其余四位是:葆琛行四,绍武行五,葆玥行七,葆玖行九。梅先生因父母早亡,又出生梨园世家,所以自小为了减轻家庭负担学戏,10岁就登台演出。梅家历经三代荣辱,对社会国家颇有责任意识,曾留下祖训:国重于家,德先于艺。梅先生不仅这样言传身教,在教育儿女时更尊重他们自己的选择,儿女中,只有葆玖和葆玥学戏。

梅葆玖是梅先生最小的儿子,他的扮相、举止很像当年的梅先生。他在北京演出很受欢迎,到上海、香港等地演出更受欢迎。这除了梅葆玖正当盛年时演唱很见功力之外,观众把热爱梅先生艺术的感情倾注在了他身上,也是一个重要的原因。1982年春,梅葆玖去香港演出,行前梅先生的秘书许姬传先生以诗相赠。诗云:"大师登遐二十年,声清雏凤着鞭先。遥看香岛红毯上,再啭春莺世泽绵。"自此,梅葆玖完全继承梅派艺术,蜚声中外。

梅葆玥是梅先生的女儿,可她却唱老生。她年过半百时仍坚持练功,演唱的气力也很充沛。梅葆玥之所以唱老生,是因为她的嗓音宽,并有一个学习的好条件。当年,有个女老生名叫李桂芬,是学刘鸿声和谭鑫培的。李桂芬和福芝芳经常同台演戏。李桂芬青年早寡,从1935年起就带着女儿寄居上海思南路梅家,所以梅葆玥跟她学戏很方便。梅葆玥从小一边读书,一边学戏,毕业于上海震旦女子文理学院教育系,曾在中国戏曲学校教过语文。她还向陈秀华、王少楼、杨宝忠、贯大元等人学过戏,后为北京京剧院二团演员。1981年,纪念梅先生逝世二十周年的时候,梅葆玥和梅门弟子沈小梅合演了《武家坡》,梅葆玥唱得字正腔圆,很有余派韵味。

1982年春节,中央人民广播电台举办了演员与听众联欢会。梅兰芳先生的一双儿女——梅葆玖和梅葆玥对唱了一段《武家坡》,引起了听众的很大兴趣。梅氏姐弟早在1946年于上海皇后大戏院就曾合作演出过《四郎探母》的"坐宫"。梅葆玥演杨四郎,梅葆玖演铁镜公主。1959年,梅兰芳排演《穆桂英挂帅》,梅葆玖反串小生演杨文广,梅葆玥反串旦角演杨金花。

梅家另外二子完全没有入梨园,梅葆琛是最大的儿子,1980年1月29日梅夫人去世后,葆琛成了一家之长。他操持家务,曾在上海震旦大学学土木建筑,后成为北京建筑设计院的工程师。谈起戏来,他也很有兴致。葆琛嗓子不好,但爱拉京胡,曾向名琴师王少卿学过弓法、指法,又向长亲徐兰沅请教过,业余伴奏过《凤还巢》《霸王别姬》《穆桂英挂帅》《沙家浜》等戏。

梅绍武,平时不爱说话,戴着一副眼镜,颇有学者的风度。他曾在燕京大学学外文,业余爱好拉小提琴,后在北京图书馆任职,从事外国文学的研究与翻译工作,兼任全国美国文学研究院常务理事、《外国戏剧》编委。他翻译的作品很多,香港广角镜出版社出版了他写的《我的父亲梅兰芳》。

梅兰芳教育子女的方法,既传统,又兼顾时代对个人发展的需求,他深知,传统戏曲文化的精神不局限在舞台上,鼓励孩子多学习其他文化,这对于颇有成就的梨园"梅"家来说是极为不易的。

忠肝义胆　薪火相传

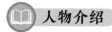 **人物介绍**

尚小云(1900—1976),名德泉,字绮霞,祖籍汉军旗籍,河北南宫人。京剧演员,尚派艺术的创始人,编剧、戏曲教育家。1905年其父病故,他与三弟尚富霞同投李春福门下学戏。10岁入北京三乐科班学艺,初习武生,后改老生,再改青衣,兼演刀马旦。1912年春他在北京汾阳会馆和广德楼出台成为当时青衣行年轻的佼佼者。1914年出科后,博得"童伶大王"的美誉。1916年尚小云搭入俞

振庭组织的春合社，开始在班里崭露头角。1927 年秋，他组成了自己的协庆社。1937 年创办荣春社。1976 年 4 月 19 日逝世于粉巷的西安市第一人民医院，享年 76 岁。尚小云扮相俊美，嗓音宽厚，高劲圆亮，中气充沛，调门高亢，久唱不衰，唱腔字正腔圆，刚劲高亢，念白爽朗明快，流丽大方，做功刚健又婀娜，塑造了一系列巾帼英雄、侠女烈妇的形象，有"铁嗓钢喉"之誉。

尚小云为清平南王后裔。祖父尚志铨曾任清远县令。父尚元照，在清光绪年间充那王府总管。1905 年其父病故，他与三弟尚富霞同投李春福门下学戏，工京剧老生，后入三乐班坐科。尚小云在三乐班先习武生，后因扮相俊美，嗓音畅朗而改从孙怡云学习青衣。当时的他，与荀慧生、赵桐珊并称"正乐三杰"。1912 年春他在北京汾阳会馆和广德楼出台，成为当时青衣行年轻的佼佼者。1914 年孙菊仙主动提出与尚小云配戏四日，使他名声大噪，被称为"第一童伶"。

1916 年尚小云搭入俞振庭组织的春合社，开始在班里崭露头角，他还与杨小楼、王瑶卿、王又宸、龚云甫、高庆奎、白牡丹同台献艺。此时他的演唱、表演、武功及舞台技巧日臻成熟，是他京剧艺术生涯中的关键时期。

此后，他又向王瑶卿学戏深造（同时搭班演戏）。王派艺术的爽朗明快、洒脱大方，对尚小云影响极深，无论身段、动作、念白和神情，尚小云都竭尽全力的摹拟效仿，这时他感到了自己在学习青衣唱腔中恪守传统青衣"口紧字松",重腔不重吐字的绳墨,不免古朴有余、时尚不足,更看到了自己演唱技巧不甚丰富的缺点。此次的发现和递进是尚小云京剧艺术上一次质的飞跃。他在此基础上向王瑶卿学习各种舞台身段、水袖舞蹈动作及唱腔技巧,使自己的表演风格得到了很大的充实,在艺术上具备了独当一面的能力。自此,尚小云开始根据自己的条件,创造性地进行艺术探索,形成了独具风格的"尚派"艺术,无愧于"四大名旦"之一。

1927年秋,他组成了自己的协庆社,建班后排演的新剧目很多,以青衣剧目为主。尚小云在"四大名旦"中是继承传统较多的艺人,他坚持把传统和创新有机结合,大受欢迎,截止到20世纪30年代末,尚小云新编、改编的剧目就有30余部之多,其中主要有《雷峰塔》《汉明妃》《詹淑娟》《林四娘》《珍珠扇》《卓文君》《峨嵋剑》《花蕊夫人》《千里驹》《鞭打芦花》。这里值得特别提出的是尚小云编排了3部取材于外国及少数民族生活的新剧目,即《摩登伽女》《相思寨》《北国佳人》。这在20世纪二三十年代中国京剧舞台上是十分难得的,是很大胆的突破和创新。后来他创编的新剧目还有《梅玉配》《兰陵女儿》《龙女牧羊》等。他的演唱高亢圆亮,有穿云裂石之胜,念白除韵白外兼擅京白,做功端庄优美,勇健挺拔,富于美感,他的动作幅度夸张性强,节奏鲜明,刚烈而不失柔媚,柔情中蕴含坚贞,反映了各个时期妇女舞台形象的精神面貌。

他对学生要求严格,自己的儿子也不例外,同时他还注意让学生博采众长,不搞门户之见,不要求学生一切都学尚派。

1962年,西安电影制片厂拍摄《尚小云舞台艺术》片时,在《昭君出塞》里扮演马童的,是尚先生的长子尚长春;在《失子惊疯》中扮演丫鬟寿春的是次子尚长麟,扮演金眼豹的是三子尚长荣。

尚长春是武生演员,也兼演花脸戏。他8岁开始学戏,不久入富连成科班,跟王连平先生学武戏,后在长庆社科班演出,10岁起进尚先生主办的荣椿社科班。他先学杨派戏,15岁又拜尚和玉为师。1951年,他和二弟长麟在南京组织新宁京剧团。1955年调到佳木斯京剧团,后任副团长。1980年底调到中国戏曲学院任教。尚长春到北京后,也颇受欢迎。《长坂坡》中他演的赵云,起霸、亮相,颇有大将风度。

尚长麟是荣椿社第二科学生,曾任山东省戏曲学校副校长。他是学青衣花旦的。他的青衣开蒙老师是李凌枫,花旦开蒙老师是筱翠花(于连泉)。除他父亲外,"四大名旦"中的其他三位他都拜过师,所以戏路很宽。尚长麟扮相俊秀大方,活泼伶俐,投手举足都表现了尚派家传风范。1982年,阔别首都舞台32年的尚长麟,在北京演出了尚派名剧《失子惊疯》。"远投亲,避灾难,渺茫堪伤"一句尚派大腔,尾音未尽,台下已是满堂彩声。没想到,时过一年,1983年8月29日,尚长麟脑血管病突发不幸去世,时年52岁。

尚长荣是国家一级演员,京剧表演艺术家,首批国家级非物质文化遗产(京剧)代表性传承人。他5岁开始登台,演《四郎探母》中的杨宗保。10岁开始学花脸,拜陈富瑞和苏连汉为师,后来又拜侯喜瑞先生学习侯派艺术。尚长荣唱念做打全面发展,从小一直跟着父亲唱戏并遵父教,探索铜锤花脸和架子花脸结合的问题。1979年,在为国庆三十周年献礼演出的《射虎口》这出戏中,他扮演刘宗敏,在这个方面做了一些努力。他还演出了现代戏,塑造了彭德怀的形象。演现代戏,尚长荣已不是第一次了。他唱的《延安军民》和《周总理又回延安城》早已为人们所熟知,刻画人物入木三分,表达感情真挚传神。

三个儿子个个在梨园行里出类拔萃,和尚小云一生爱戏,更爱护梨园子弟有关。他当初是为了培养长子尚长春,请了老师在家里教戏,再找了十几个年龄相当的孩子陪读。先头有18个人,于是叫"十八子",后再加18个,便叫"三十六友"。可刚招完,又来人了,几乎每天都有人要加入。干脆自家办个科班吧!从1937年初夏开始筹办,到1938年春天,学生已有200余人。有了荣春社,尚小云从早上察看学生上课,到晚上亲临舞台为学生把场,几乎把整副身心都扑在了学生身上。精力旺盛的他一天能往荣春社跑几十趟,也不觉得累。他对学生的训练是严格的,也是严厉的,脾气又大,一点差错都不能容忍,但有差池,一定责罚。对自己的孩子更严,严到不讲理的程度。同样的错,别的学生打5下,自己的儿子得挨10下。尚小云打学生的时候,他的夫人就在屋里打鸡蛋,而且是把蛋黄去掉,只留蛋清。因为挨完打的学生都要到尚夫人那里抹上蛋清。总之,学生没有不怕他的。仅通过一年的训练,荣春社的孩子们就有了初步的演出能力，可以拿出的剧目达一二百出之多。

尚小云雇了3个裁缝，每年到有名的"瑞蚨祥"绸布店买许多布料。"荣春社"给学生统一制作服装。冬天是航空帽、青布棉袍罩大褂、白手套、口罩；秋天有一顶瓜皮小帽；夏天是竹布大褂。每人胸前佩戴自制的社徽。

十几个炊事员，负担400多人的伙食。学生是两菜两汤，老师是八菜一汤。吃饭时，饭菜摆好，都不动筷子，单有个学生去请尚小云。他来到桌前，挨着盘儿尝菜。他吃着好，就点头说："你们吃吧。"如果他尝了以后说："不行，重做。"那就赶紧重做。如果下午学生有演出，到三点多钟，一人先发3个芝麻烧饼。

为方便学生看病，尚小云特请一位陶先生为常年嘱托中医，请一位郭先生为常年嘱托西医，请一位徐先生专做正骨医生。此外，还联系了李铁拐斜街的顺田医院作为荣春社的专门住院医院，联系附近的原田医院为学生的急诊医院。

学生演出了。他们穿着统一的衣裳，排着队穿过琉璃厂走到戏院，接着，便有一辆黑色小轿车跟着开来。那是尚小云去戏院给弟子们，尤其是俩儿子（尚长春、尚长麟）把场。开戏了，特别是到了压轴大戏的时候，尚小云准往舞台下场门台帘那儿一站，两眼炯炯有神，头发一丝不乱，古铜色长袍，挽着雪白的袖口，再加上好身材、好相貌，那才叫一个漂亮。他背手一站，就是一晚上。无论春夏秋冬，从未缺过一天。当然，他的辛苦并非白费。每当观众看到他站在一边的时候，都报以热烈的掌声——尚小云心满意足，因为这是辛苦的回报。

自从开了这个类似学校的科班，尚小云既是东家，又是管理，还是教师，更是这些学生的"父亲"，加上他自己还要演出，所付出的精力和财力是一般人难以想象的。科班赔钱，他都一个人担着，更不指望学生为自己赚钱。1942年前后几年，为坚持办好他主持的科班荣春社，同时也为维持难以为继的富连成，他先后卖掉7所宅院的房产，其中一所有假山、游廊，相当的好。尚小云的"典房办学"，传为一时佳话。

对于办学的认识，尚小云曾在1938年发表的一篇文章里做了很好的解释和描述。他写道："近些年来，大家感到梨园缺乏人才的危机，所以我才下决心办荣春社。过这种生活，又比唱戏难上十倍。在今日我才知道为人师表之难，但是我做事的勇气，被环境支配更觉热血沸腾。所以，抱定苦干到底的精神，或许也有最后成功的一天！"文章结尾处，他这样说："说不定过几十年，舞台生活不知要变到什么样子。我再看着荣春社学生，每天过着快乐的生活，自然，我也生发出无限兴趣……"

正是这样的尚小云，为京剧界培养出了许多人才，如徐荣奎、李甫春、马长礼、尚长春、孙瑞春、杨荣环、孙荣蕙、尚长麟、景荣庆、赵荣欣、李荣威、尚长荣、贾寿春、方荣慈、钮荣亮、汪荣汉等。尚小云曾历任中国人民协商会议北京市委员会委员，中国戏曲家协会常务理事，陕西省京剧院院长，中国戏曲学校艺术顾问等职。是一位名副其实的戏曲教育家。

执着坚韧 桃李满园

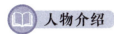 人物介绍

　　荀慧生(1900—1968),名词,又名秉超、秉彝,字慧声,号留香,河北东光人。京剧演员。荀慧生8岁登台表演,11岁跟师父入北京三乐科班,以艺名"白牡丹"享誉京城。1919年荀慧生随杨小楼首次到上海演出。他的代表作品有《红娘》《金玉奴》《红楼二尤》等。他的唱腔委婉动听,俏丽多姿,声情并茂。他大胆破除传统局限,发挥个人嗓音特长,吸取昆、梆、汉、川等曲调旋律,大胆创新,塑造了许多少女、少妇的艺术形象。

　　荀慧生喜读书,好绘画,文学修养颇深。他做任何事情皆有韧性,从不浅尝辄止。他从1925年开始写艺术日记以来,不论酷暑严寒,不论在京、外出,每天必写,坚持40余年从未间断。

　　或许是受到父亲坚韧性格的影响,荀慧生的子女唱戏,也是执着认真。

　　荀令香9岁跟父亲学戏,13岁拜程砚秋先生为师,是程门的第一个弟子。他后来又向王瑶卿先生学戏,因为嗓音失润,1949年后就跟王瑶卿先生到戏校任教。在30多年的教学工作中,他主要教授荀派剧目。荀令香的长子荀皓是中国京剧院三团导演,儿媳是颇有名气的武旦演员李丽。

荀先生的次子荀令文,原是学老生的,因为嗓子不好,后来也从事戏曲教育工作,为北京市戏曲学校音乐科负责人。

荀令莱是荀先生的女儿。她从小在家里向吴玉琳和赵德勋学武戏,向周昌泰学青衣,后来又跟父亲学戏,16岁开始登台。"文革"期间,荀令莱被迫改行,到中国书店当营业员。1979年重返舞台,成为北京京剧院二团演员。她谦虚好学,虽然荒废技艺10多年,但是经过一段时间的刻苦努力,第一次试演《金玉奴》,就获得了成功。老作家肖军特地撰写了一篇鼓励她的文章。接着,她又公演了《红娘》《勘玉钏》等荀派剧目。不少人写诗称赞她的技艺,其中有一首写道:"荀郎有女擅歌场,青衣花旦两见长。十载销声经苦难,一朝展翅任飞翔。鹤回舞步频惊客,莺啭余音又绕梁。最是娇羞回首处,依稀当日小留香。""留香"是荀先生别号,以"令莱"比"留香",是鼓励,也是表达对荀派艺术后继有人的欣慰之情。后来,荀令莱又恢复了一些荀派剧目,除自己演出外,还辅导其他荀门弟子和荀派艺术爱好者学习荀派剧目。荀令莱和江苏省淮阴地区京剧团宋长荣同演《勘玉钏》,她交替饰演俞素秋和韩玉姐,受到观众的欢迎。

"荀派"艺术形成后,弟子遍布天下,大有十"旦"九"荀"之势。荀慧生教学一视同仁,没有亲疏厚薄之分。教学态度严肃认真,一丝不苟。对登门求艺者,皆尽心指点,倾囊相授。1959年,荀剧团重排《荀灌娘》,准备向国庆十周年献礼。荀慧生借排戏之便,将此戏传授给他的弟子孙毓敏。据孙毓敏回忆,某日,在宣武门外山西街荀家大院里,荀慧生正向孙毓敏传艺,有记者来访,此时正排练荀灌娘改扮男装"趟马"一场,荀慧生满头大汗地在给孙毓敏当马童,记者目睹荀慧生课徒严谨之精神,非常钦佩,提出要求,要给荀灌娘勒马的姿势拍一张照片。荀灌娘勒马亮相,要把左脚蹬在马童的右腿上,才能塑造出一个"美"的形态。孙毓敏有点踌躇,荀慧生察觉后,一拍自己的右腿,和颜悦色地说:"来吧,孩子!假戏要真做,我汗都出了,蹬一下腿有什么呀!"

现在有一句话叫"因为自己淋过雨,所以懂得为人撑伞",用在荀先生身上再合适不过。荀先生自己的童年学艺比其他名旦都要苦,几次被父亲卖到戏班,被戏班老板毒打差点丧命,他曾在日记中写道:"旧时学戏,虽然说是师徒关系,然而徒弟就是师父的奴隶,师父常常会把麻鞭浸入水中,然后再用棉花堵住我的嘴,让我不能出声,之后抽打我。"坚韧学艺小有名气之后,因卖身契在戏班老板手上,把他当作"摇钱树"不得自由 9 年,在这艰难的岁月里,好在有同伴与社会友人的帮助才迎来了他人生的华彩。

他也会时常想起,那个当年因为背不出词,被师父当着众人痛打的孩子,那个在北京的胡同里疯狂奔跑,想要逃出生天的少年。所以,他对自己的学生和子女,既严格又仁爱,从来不限制他们的自由,更教会他们如何抗击苦难。荀慧生总说:"人在苦难面前,只要把心一横,就没有过不去的火焰山。"

人生从来都不是完美的,如果我们生在不幸的时代,遇到了不幸的家庭,就应该自暴自弃吗?荀先生的一生以及他对下一代的教育观,让我们明白,自古以来,有些成才需要经历一番彻骨寒,才能褪去稚嫩和青涩,洗尽铅华,傲然于世。

义演奔走　科教兴国

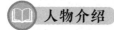 **人物介绍**

> 程砚秋(1904—1958),艺名初作菊农,改名艳秋,字玉霜,复改名砚秋,字御霜。京剧"程派"艺术的创始人。他严守音韵规律,唱腔起伏跌宕,节奏多变,表演细致深刻,同时注重贴近生活的真实性。民国时期,风气维新,戏文结合,他积极改良新戏剧,抒发对社会与时代的意见。中华人民共和国成立后任中国戏曲研究院副院长。代表作品《锁麟囊》。

"四大名旦"的后代中,只有程砚秋先生的子女们没有一个唱戏。这虽是很多戏曲爱好者的遗憾,但却成为更多教育家深入探讨的案例。

程砚秋先生有三子一女。程永光是长子,小时候特别爱听余叔岩的唱片,一听就入迷。程先生到欧洲考察戏剧那年,他偷偷在家很快就学会了一出《失街亭》。等程先生回国后,就坚决不让学。因为那次出国,程先生在日内瓦"世界学校"看到很多国家的学生,唯独没有中国的,内心触动极大,深刻意识到,学习进步、少年强则国强的道理。回国后,他就决定把儿子以及中国优秀的少年送到"世界学校"去。并到处奔走义演,筹得善款均用于中国子弟求学所用。这样,9岁的程永光就出国了。

次子程永元,高高的个子,长得清秀,很健谈。他从小爱玩无线电和开汽车,中学还没毕业就参军了,后来做过行政工作和技术工作。因为从小耳濡目染,对戏曲、文化很有见地,后从事文化出版工作。

程永江是程先生最小的儿子,个头虽然没有老二永元高,但也很清秀。虽然他没有唱戏,但也是搞艺术的。他从小喜爱绘画,曾在徐悲鸿先生主持的艺术专科学校学习,后来到苏联列宁格勒的列宾美术学院留学,学外国美术史,回国后在中央美术学院美术史系任教。他除了研究美术以外,还研究父亲的艺术。他撰写的《御霜年谱》(程先生字御霜),发表在《戏剧论丛》上。他还准备整理、收集程先生的文集和剧本等。

程砚秋一岁丧父,与母亲相依为命,为了赡养家人,典身学艺,吃过不少苦头。旧社会艺人的地位低,需经历九死一生才能在社会上立足,再加上时局动荡,家国存亡危在旦夕。程砚秋虽已蜚声戏坛,却体悟到文化救国的重要性。与那些希望孩子"子承父业"的旧社会家长不同,他不仅鼓励自己的孩子读书,还四处奔走义演,筹集资金送中国学子出国读书,教育子女和年轻人要以科教兴国,这份大格局与大智慧,放在今天仍然值得诸多家长效仿学习。时代在进步,个人进步与社会环境密不可分,教育孩子是放眼未来的事业,家长能从个人成就上总结经验,引导孩子向前发展,这对孩子一生都是宝贵的财富。

梅、程、荀、尚,在 20 世纪 20 年代因戏曲艺术而闻名中外。1930 年,北京《戏剧月刊》发起的"四大名旦"征发揭晓,赞誉梅兰芳如春兰,有王者之香;程砚秋如菊花,霜天挺秀;荀慧生如牡丹,占尽春光;尚小云如芙蓉,映日鲜红。多少年来,一谈起"四大名旦",人们仍难以忘却那臻美的艺术境界。本章对"四大名旦"的技艺水平不多作赘述,而是通过他们的人生与教育子女的态度方法引发借鉴与思考,了解"四大名旦"的成长经历与如何教育后代,对我们真正了解那个时代的特殊性与颠覆性具有深远的意义,教育并不等同于寻求或者创造一个完美的环境,更多的时候,我们要面临时代的巨变和家庭的困窘,让孩子体会安身立命之不易,理解父母成家立业之不易,对于现在的孩子来说,可能更能让他们懂得珍惜与责任,同时对他们长大后面对多元的社会挑战更有帮助。

养父传艺定家规与京韵大鼓骆玉笙

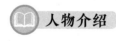 **人物介绍**

骆玉笙(1914—2002),天津人,艺名"小彩舞"。京韵

大鼓女演员。7 岁开始学京剧,1931 年改唱京韵大鼓,1934 年拜韩永禄为师学"刘(宝全)派"大鼓。1939 年首次在北京演出。中华人民共和国成立后,历任天津市曲艺团演员、副团长,全国文联委员,中国曲艺家协会名誉主席等职。骆玉笙嗓音甜美,音域宽阔,韵味醇厚,高低皆宜。在"刘(宝全)派"唱腔的基础上,兼采"少百(凤鸣)派"、"白(云鹏)派"之长,形成独具一格的"骆派"。她长于歌唱,尤以激越、挺拔的"嘎调"最为动人。代表作有《剑阁闻铃》《红梅阁》《子期听琴》《击鼓骂曹》等。1985年,骆玉笙为纪念世界反法西斯战争胜利 40 周年的电视剧《四世同堂》演唱了主题曲《重整河山待后生》。这首描述中国人民在抗战时期生活和心路的歌曲,此后家喻户晓。骆玉笙用她悲壮、苍凉又雄浑的演唱,为这首作品赋予了大义凛然、坚强不屈的音乐情绪,成为一首经典的抗战音乐作品。

广泛流传与民间的文学表现形式,可以分为:单口、多口、有伴奏、无伴奏。说唱艺术最早兴于唐代,边唱边讲传播佛经故事,称为"俗讲"。历经各朝代的变化演绎,形成多种多样的说唱形式,有的以叙说故事为主,有的以咏唱为主,寓教于乐。京韵大鼓、相声、山东琴书、浙江道情、苏州弹词等流传至今。

骆玉笙是京韵大鼓的创始人,艺名小彩舞,有着非常传奇的人生,有着非常高的地位和成就。看过 1985 年版电视剧

《四世同堂》的人，或许都记得那曲《重整河山待后生》，演唱者骆玉笙当时已年过古稀，但仍唱得字正腔圆、韵味醇厚。

骆玉笙出生6个月时被河北省安次县戏法艺人骆彩武夫妇收养，4岁即随养父母四处卖艺。曾在南京的夫子庙和上海的大世界等地演出。5岁随骆彩武夫妇到汉口的民众乐园长期演出，即用"小彩武"为艺名。9岁拜师苏焕亭，学习京剧老生行当，开始演出皮黄清唱，也曾登台彩唱京剧。在这里开始接触京韵大鼓两个重要流派："刘派"与"白派"。对京韵大鼓艺术产生兴趣，还向杨浩亭学了两个曲目。北伐军进攻武汉时全家离开汉口，返回上海。1926年底，到南京秦淮河畔演出。1927年，养父骆彩武与养母骆冷氏离异，骆玉笙随养母生活。17岁时得到名弦师白凤岩指点，改唱二黄大鼓，即中间加有二黄唱段的京韵大鼓，并将艺名改为"小彩舞"。又向名家钟少亭学了《子期听琴》《连环计》等京韵大鼓曲目。1933年，她的养父养母相继去世。1934年，骆玉笙到济南演出，遇到著名弦师韩水禄，乃正式学唱刘派京韵大鼓。

骆玉笙从艺70多年，创立了骆派京韵。与民国以来的许多民间艺术家相似，骆玉笙身世坎坷。作为一名被拐卖多次的孤女，她从小就随着养父奔波各地，上海大世界、南京夫子庙、汉口大舞台……都留下过她杂耍、唱戏的身影。骆玉笙虽然身世飘零，却不自怨自艾，作为女子，在那个年代唱戏糊口更为不易，她吃苦耐劳，知恩图报，不仅自立门户，教育子女更是家教森严。

1936 年 7 月,骆玉笙从南京来到天津,一举跃过这道"龙门","金嗓歌王小彩舞"的美名红遍了天津卫。从 1936 年到 1939 年,骆玉笙长期在小梨园"挑大梁"。单弦大王荣剑尘,相声泰斗张寿臣、侯一尘,乐亭大鼓王佩臣,这"四梁四柱"甘为她做绿叶。所以,有人说:"这是四大朝臣(四人名字最末一字均为臣音)傍着金嗓歌王。"

或许是从小在逆境中的经历,让骆玉笙对人生有了更深刻的体验,"定而不移"是骆玉笙的性格底色,晚年的骆玉笙温润如玉,愈老弥坚。

骆玉笙只有一子骆嘉平,骆嘉平也只有一个女儿骆巍巍,到了骆巍巍女儿,已经是骆家的"独三代"了。和所有的传统家庭一样,骆家重视亲情和教育,但骆玉笙在家里也有很多规矩。

骆巍巍说:"奶奶很疼爱爸爸,也很注重对爸爸的教育,爸爸从 5 岁起上学,大学毕业后成为一名中学教师,临终前是和平区 61 中的教务主任。"骆玉笙对晚辈的管教十分严格,骆嘉平每天去看望骆玉笙,要说"娘,我来了",走的时候要说"娘,我走了"。骆玉笙也是这样从小要求骆巍巍的,进出家门都要先告知长辈。1980 年,骆巍巍的爷爷赵魁英去世,骆嘉平既要照顾母亲的生活起居、照顾生病的爱人,还要承担繁重的教学工作,十分辛苦。

1992 年 3 月 31 日,骆嘉平像往常一样来看骆玉笙,临走的时候说:"娘,我走了。"第二天清晨,人们都从睡梦中醒来时,骆嘉平已经静静地离开了人世,病因是急性心梗。那一年,骆嘉平只有 57 岁。面对骆嘉平的去世,骆玉笙老人表现得十分坚强,依然坚持演出和教学,但骆巍巍感觉得出来,奶奶沉浸在老年丧子的悲痛中好长时间。

骆巍巍小时候最常听奶奶说的话,就是要她"听话",听爷爷奶奶和爸爸妈妈的话。自己单独出门前要告诉家人,上哪里去,何时回来。回家后要告诉家人"我回来了",有点"游必有方"的规矩。全家人围坐一桌吃饭,好的饭菜一定要放在长辈面前,绝不会放在孩子面前。虽然骆巍巍的父亲和她都是独生子,但几十年来家里从来没有乱过这个规矩,一直到骆巍巍的女儿这代,依然如此。"女儿从小在亲友家吃饭,懂得让老人先吃好吃的饭菜。在家家都宠独生子的当下特别招人夸奖,她自己倒觉得没什么。还有奶奶喜欢美食,经常带我们出门吃大餐,但是即使是到五星级酒店用餐也不铺张,餐后有剩余都是打包带走,'光盘行动'在我们家已经持续多年了。"

骆巍巍说,奶奶在的时候,经常对家人说"常将有日思无日,莫到无时想有时""家有千厦,夜眠七尺""君子爱财,取之有道"……这些话潜移默化地教育着晚辈要居安思危、杜绝铺张、勤俭持家。个人和家庭的成功和幸福,不光来自自身努力,还来自于祖辈的福祉。作为一家之主,骆玉笙的人生智慧直接影响了晚辈的人生观价值观,让他们有能量获得幸福,遇到困难和不如意也能客观对待。也让我们看到,艺术不仅可以诉民间疾苦,也可以树人、立德、传家,成为家风建设中的重要文化元素。

父债子还与中国吟游诗人华彦钧

人物介绍

　　华彦钧(1893—1950)，中国民间音乐家。小名阿炳，后因双目失明，人称"瞎子阿炳"。江苏无锡人，正一派道士。曾一度沦为街头流浪艺人，饱受苦难。刻苦钻研道教音乐，精益求精，并广泛吸取民间音乐的曲调，一生共创作和演奏了 270 多首民间乐曲。留存有二胡曲《二泉映月》《听松》《寒春风曲》和琵琶曲《大浪淘沙》《龙船》《昭君出塞》。其作品渗透着传统音乐的精髓，情真意切，感动人心，充满艺术的生命力。

　　提起二胡作品，相信大家最耳熟能详的曲子，莫过于那首如泣如诉的《二泉映月》。然而，对于它的创作者"瞎子阿炳"，以及他在世时的悲惨经历，知道的人也许并不多。阿炳原名华彦钧，出生于江苏无锡一个复杂的家庭。父亲华清和，是无锡一所香火甚旺的道观"雷尊殿"的道长，母亲则是一户有钱人家的小姐。传统的全真道教，并不允许道士结婚生子，因此阿炳的降生并不光彩。由于委身给了道士，母亲不仅不能得到名分,还常被周围的人指指点点,总是抬不起头。在阿炳还不满 3 岁时,她就因为受不了世俗的唾弃,选择了结束生命。年幼丧母,阿炳只能被送到亲戚家寄养。一个幼小的孩子,顶着一个无法被认可的身份寄人篱下,生活过得相当悲惨。因为华清和身份特殊,不能与儿子相认,直到阿炳 8 岁时,才终于把他接回道观抚养。不过,二人依然只能以师徒相称,以致于在很长一段时间里,阿炳并不知道自己的师父就是亲生父亲。他还一直感恩师父,收留了自己这个无家可归的孤儿。很快,华清和发现了儿子在音乐上具有出众的天赋。加上自己内心对孩子的愧疚,他开始悉心教导阿炳学习乐器。从最简单的敲击乐开始教,再到笛子、唢呐、二胡和琵琶,阿炳入门都极快。阿炳练习乐器异常刻苦,甚至在学习二胡和琵琶时,练到手指血肉模糊。琴弦绷好,便一年四季如一日,从不松懈。17 岁时,阿炳就已经娴熟地掌握了吹拉弹唱等各种技能。从那时起,他就开始跟着师父一起做法事,当时被大家誉为"小天师"。

直到父亲去世的前一年,才把阿炳叫到床前,告诉他真实的身世。并且,他也将这所香火旺盛的道观的道长位置,传给了阿炳。父亲去世后,21 岁的阿炳难以消解这特殊身世带来的哀怨情绪,终日寻欢作乐,不思进取,就此走上了一条可怕的不归路。年过而立之后,阿炳的境遇急转直下。先是因染上吸食鸦片等恶习导致生活潦倒,随后患上眼疾,双目相继失明,再到后来流落街头卖艺,生活十分贫困。底层的生活让他历尽了人世的艰辛,饱尝了旧社会的辛酸屈辱。但才艺出众的阿炳,经常通过拉二胡、弹琵琶、说新闻的方式来表达自己的爱恨情仇,通过音乐揭露当时的黑暗。他把自己对痛苦生活的感受通过音乐反映出来,产生了著名二胡曲《二泉映月》。

《二泉映月》全曲除了引子和尾声外,共分 6 个段落,即主题和它的 5 次变奏。

引子以四拍组成的短小音调作为开端,以一个下行音阶式短句,发出了一声饱含辛酸的叹息。二胡以轻微的声音,低沉含蓄内在的音色,把听众引入到音乐所描写的意境中。

第一主题的旋律在二胡的中低音区进行,低沉压抑,音域不宽,曲调线以平稳的级进为主,稍有起伏,表现了作者心潮起伏的郁闷之情;第二主题与第一主题对比鲜明,利用不断向上的旋律冲击和多变的节奏,表现了作者对旧社会的控诉,也体现了他不甘屈服的个性。

此后的 5 个段落是围绕着第一段 2 个主题的 5 次变奏:它通过句幅的扩充和减缩,并结合曲调音域的上升和下降,表达出音乐的渐次发展和推进。主题变奏随着旋律的发展时而深沉,时而激昂,时而悲壮,时而傲然,深刻地展示了作者的辛酸与痛苦,不平与怨愤。

最后一段由扬到抑,音调婉转下行,进入低音区,到了尾声部分好像无限的惆怅与感叹,声音更加柔和,节奏更加舒缓而趋于平静,给人以意犹未尽的感受。

《二泉映月》是阿炳生活的写照,是他情感宣泄的传世之作。阿炳利用自己的创作天赋,把所见、所闻、所感、所想化作一段段扣人心弦、催人泪下的音符,使听众在旋律中产生共鸣。这首二胡曲被世人喜爱并引为经典,是阿炳创作的成功,是他创作天赋的体现。

好在,苍天似乎不愿埋没这位天才。当时,正在搜集各地民乐的中国音乐学泰斗杨荫浏教授,辗转回到了故乡无锡。因杨荫浏幼年曾从学于华彦钧(阿炳),深知其演奏的琵琶曲大有白居易诗文"大珠小珠落玉盘"的绝妙之处。于是,杨教授赶紧带着设备找到了阿炳,请求他录音。1950 年,抢救性地录制了 6 首阿炳创作的作品,其中最重要的就是这首《二泉映月》。1951 年,这首二胡名曲刚走出它的故乡江苏无锡,一经传播就引起了轰动。凄切哀怨的曲调,瞬间便抓住了听众们的耳朵,也让大家注意到了这位身世传奇的"南国琴王"。然而,就在《二泉映月》引发轰动的前一年,阿炳已然在贫病交加中离开人世,享年 57 岁。据当地人介绍,阿炳生前在无锡街头演奏过的曲目相当繁多,或许有上百首。除了这首被杨教授录音保存的二胡作品《二泉映月》,《听松》《寒春风曲》和琵琶作品《大浪淘沙》《龙船》《昭君出塞》之外,其余所有作品,都随着阿炳的离世,再也无法传世,令人扼腕叹息。

用现代教育心理学去分析,瞎子阿炳的悲剧,恰恰是心理资本的匮乏导致。李玫瑾教授认为:"孩子的品性和对生活的态度,往往取决于生命最初的那几个月、那几个年头。这是人最弱小的时期,父母的每一次温柔回应,都会给孩子带来最深的满足感和安全感。"心理学把这种亲子之间亲密的情感联结称为"依恋","依恋"的出现,是一生有效的"心理资本"。比起物质上的安慰,影响孩子一生成长的内在因素是心理资本,它能持续提供积极向上的能量帮助孩子度过艰难困苦,如果心理资本不够强大,孩子很容易在受到情感打击或者社会动荡的时候陷入无穷的脆弱、自怜、胆怯之中,甚至误入歧途。如今再听《二泉映月》或许能够更明白,瞎子阿炳的创伤是他的身世,一辈子也没有走出这个阴影,而他聊以慰藉的琴弦,却也承载着他对父母深深的思恋,这音符之中的苦痛也警示着当代的家长,莫忘了孩子最渴望关怀的内心。

第二篇

自我与家国

本篇重点阐释艺术家的"家国情怀",揭示艺术家面对动荡年代的社会责任与家庭责任,在追求个人成就的同时,如何取舍、如何抉择,如何披星戴月、承前启后,建立起影响近现代中国艺术发展的丰碑,揭示了家庭教育是社会责任培养的第一站。

第一章

重塑美学教育

中国传统文化中,最厚积薄发、隽永深刻之处即对"美"的认知。深植在家庭教育中的美育思想,深入到儿童成长的方方面面,更融入到生活的点点滴滴,成为民族传承的基因。

父亲的行善、藏书与艺术大家李叔同

人物介绍

李叔同(1880—1942),名文涛,字息霜,号弘一。中国艺术教育家、戏剧家、文学家、书画家。他从日本留学归国后,担任过教师、编辑之职,后剃度为僧,法名演音,号弘一,晚号晚晴老人,后被人尊称为弘一法师。1913年受聘为浙江两级师范学校(后改为浙江省立第一师范学校)音乐、图画教师。1915年起兼任南京高等师范学校音乐、图画教师,并谱曲南京大学历史上第一首校歌。1942年10月13日,弘一法师圆寂于泉州不二祠温陵养老院晚晴室。

"长亭外,古道边,芳草碧连天",每当我们哼起这首歌,总被那优美的意境所打动,送君千里,总归有一别,李叔同用他的笔触道尽了相思愁、离别苦。那么,李叔同经历了怎样的人生,才能写出如此直击灵魂的歌词呢? 他究竟为什么出家? 出家之后子女过得怎么样?

李家在当地被称作"桐达李家",李叔同的父亲李筱楼是天津盐商中的巨富之一。他于清同治四年(1865)考中进士,步入仕途后官职吏部主事。但不久,因要继承父业,只得弃官从商。他崇尚理学,并且以《论语》纲常来规范日常的言行举止。他热衷善举,在当地设立义塾,到了晚年,虔诚拜佛,为人宽厚,乐善好施,被人称为"李善人"。他有一妻二姜三子。

清光绪六年(1880),李叔同在这个平和良善的家庭中出生。生他时,他的母亲只有20岁,而他的父亲已近68岁了。可能是因为"李善人"乐善好施老来得子,所以对这个儿子特别喜欢,虽然他的母亲是姜,但父亲仍然很疼爱他,时时带在身边,教他习字念书。李叔同的母亲是个豁达之人,她说在李叔同降生的时候,有一只喜鹊叼着一根松枝放在了产房的窗上,所有人都认为这是佛赐祥瑞。而这根松枝也作为母亲的象征被李叔同常常带在身边。由于李善人对佛教的诚信,使他在很小的时候,就有机会接触到佛教经典,受到佛法的熏陶。小时候刚开始识字,就是跟着学习念诵《大悲咒》和《往生咒》。而他的嫂子们也经常教他背诵《心经》和《金刚经》等。虽然那时他根本就不明白这些佛经的含义,也无从知晓它们的教理,但在他心里种下了慈悲的种子。

可惜好景不长,在李叔同5岁那年,父亲因病去世了。没有了父亲的庇护和依靠,他与母亲的处境很是困难,那时的官宦人家,妾的地位很卑微,作为庶子,身份也就无法与他的同父异母的哥哥相比。家庭结构的转变给幼小的李叔同带来的压抑感,养成了他沉默寡言的内向性格,终日里与书作伴,与画为伍。在书画的世界里,寻找快乐和自由。

他对李筱楼这个父亲的印象十分模糊,以至于李叔同出家第二年,与胡宅梵提及父亲时说:"年幼无知,事不足言。唯父乐善好施之行,颇堪风世励俗。"李筱楼的丧礼风光体面,在葬礼过后,又请了高僧朗诵《金刚经》。丧礼上的法事和僧侣的诵读给李叔同留下了很深的印象,虽然对其中的深奥义理无法参透,但它就像一颗种子,埋在了李叔同的心中。

得益于大家族的家风,作为书香门第的幼子,李叔同虽然没有父亲的教养,但到了大约是六七岁的样子,就跟着哥哥文熙开始读书识字,并学习各种待人接物的礼仪,那时他的哥哥已经20岁了。由于李家是当地数一数二的官商世家,所以一直就沿袭着严格的教育理念。因此,哥哥对他方方面面的功课,都督教得异常严格,稍有错误必加以严惩。李叔同自小就在这样严厉的环境中长大,一方面为他日后在文艺中寻求自由埋下伏笔,另一方面也养成了严谨认真的学习习惯和生活作风。

长到八九岁时,李叔同拜在常云政先生门下,成为他的入室弟子,开始攻读各种经史子集,并开始学习书法、金石等技艺。13 岁那年,天津的名士赵幼梅先生和唐静岩先生开始教他填词和书法,使他在诗词书画方面得到了很大的提高,功力也较以前深厚了。为了考取功名,他曾对八股文下了很大的功夫,也因此得以在天津县学加以训练。在 16 岁的时候,局势的动荡加之眼界的开拓,李叔同开始拥有了自己的思想,因童年所受的压抑而造成的"反叛"倾向也开始抬头了,他认为自己学的那些报国济世的思想并没有实际的用处,转而对文学艺术产生了浓厚的兴趣。有着上天恩赐的独特天赋,书法、绘画、音乐、诗歌、戏曲等,所有李叔同喜欢的都可以做到最好,才华横溢,博学多闻,名噪一时,更为中国现代艺术教育开创了无数先河。

李叔同 18 岁时与比自己年长 2 岁的俞氏结婚,共育三子,他出家后,希望孩子们长大从事教育工作,却都没有如愿。与李叔同风云的一生相比,其子女要平淡很多。长子乳名葫芦,但不幸夭折。二子李准,因为在轮船上经受了海风,从而终生伴有哮喘病,在 20 世纪 50 年代的时候,李准去世,留下了一儿一女。他们得到了弘一法师也就是他们祖父的赐名,姐姐叫李然平,儿子叫李曾慈,相传是李叔同先生为了纪念母亲王氏所取。三子李端,在李叔同出家时,他仅 14 岁,他生有三个女儿,老大李汶娟、老二李莉娟和老三李淑娟。李汶娟和李莉娟一生都没有结婚,李淑娟结婚生有一女。在 1986 年,年仅 29 岁的李莉娟也追随自己素未谋面的祖父出家,法号契真。作为李叔同先生后人唯一一位出家之人,她一直精研佛学,同时也致力于弘扬弘一法师的人格精神,编有《随弘一大师学佛》《佛学常识》等著作。李叔同还有一位日本妻子,只是子女情况不详。

李叔同有一个大名鼎鼎的弟子,那就是著名的漫画家丰子恺。丰子恺曾在《我和弘一法师》一文中说过人生的“三层楼”,第一层是物资生活,第二层是文艺生活,而第三层则是少数人生欲很强的人才能达到的,也就是精神目标。李叔同正是为了探究人生的终极追求、灵魂的来源,出家为僧。

李叔同有着音乐家、画家、书法家等多重身份。他出身名门,后来又求学沪上,问道东瀛。他以卓绝的文采为世人所知,却在声名正盛之际,毅然遁入空门,成为一代高僧,法号弘一。时人感叹道:世间已无李叔同,再见已是弘一身。儿子李端认为,父亲的出家与自己祖母的去世有关,他用了一个“气”字解释弘一的突然出家。

李叔同的一生,可以说是追求艺术、追求至真的一生,或许是因为童年复杂的亲情环境,让他内心总多着一份“悲悯”之色,也在人与人的关照之中,学会了抽离与解脱。从入世美育教化,到出世悟道归真,看似洒脱“自我”,却更是对世间万事万物的深情。

于严厉中见慈爱：丰子恺的早年教育

📖 人物介绍

丰子恺(1898—1975)，初名润，斋名缘缘堂，浙江桐乡人。现代画家、散文家、教育家。1914年入浙江第一师范学校，从李叔同学习绘画和音乐。1921年春赴日考察学习。回国后在上海、浙江、贵州等地从事美术和音乐教学，任开明书店编辑多年。1949年后，任上海中国画院首任院长、中国美术家协会上海分会主席、上海文联副主席等职。其绘画造型简括，情景隽永，意境深邃，以中西融合画法而著名。一生致力于艺术创作和艺术教育，在散文、艺术理论、音乐教育、装帧设计和翻译等领域卓有建树。

提起丰子恺，人们想到的就是他笔下幽默风趣的漫画，有人说，年少不读丰子恺，读懂人已是中年。丰子恺的漫画自成一派，用笔精简，善于留白，最大的特点就是充满了"童趣"，可以说是大繁至简。漫画中所蕴含的生活哲理，让人会心一笑过后，带来更多的思考。

在他的散文集《万般滋味，都是生活》中，他说自己的一生,遇到两位"良师",让自己成为孩子的良师,足矣。

丰子恺的第一位"良师"是母亲。

丰子恺的父亲郁郁不得志,刚刚中了举人,祖母就过世了,父亲按照清朝的规矩要在家丁忧,不能走马上任。赋闲在家,他郁郁不乐,以诗酒自娱,不管家事,等到丁忧结束的时候时代已经大变,科举制度被废,他也只好从此隐遁。

丰子恺9岁时,父亲就因为肺病去世了,留下7个子女和薄田数亩、一家染坊店,此后家里家外一切责任全部归母亲负担。

在丰子恺的记忆里,母亲总是坐在老屋西北角里的八仙椅子上,那张椅子坐起来很不舒服,但那里是家中最为重要的位置。坐在那儿,既可以顾到灶上,又可以顾到店里。母亲为了兼顾内外,就顾不得座位安稳不安稳,舒服不舒服。丰子恺曾回忆:工人们常来坐在里面的凳子上,同母亲谈家事;店伙计们常来坐在外面的椅子上,同母亲谈店事;父亲的朋友和亲戚邻人常来坐在对面的椅子上,同母亲交涉或应酬;他从学堂里放假回家,又照例走向西北角里的椅子边,同母亲讨个铜板。有时这四班人同时来到,使得母亲招架不住,于是她用了眼睛的严肃的光辉来命令、警戒,或交涉;同时又用了口角上的慈爱的笑容来劝勉、抚爱,或应酬。

17岁时,丰子恺到杭州求学,临行的时候,母亲眼神严肃,告诫他待人接物、求学立身的大道;口角上却是慈爱的笑容,关照他起居饮食等细节。她给丰子恺准备学费、置备行李,把一罐猪油炒米粉放在他随身的网篮里。

放假归来的时候,丰子恺一进店门,就望见母亲还是坐在西北角里的八仙椅子上。

毕业之后,丰子恺到上海工作,只有假期会回到浙江老家。"每次归家,依然看见母亲坐在西北角里的椅子上,眼睛里发出严肃的光辉,口角上表现出慈爱的笑容。"

这一种又严又慈的教育,对丰子恺在那个巨变的年代,始终保持笑看人生、宠辱不惊的气度,起到了关键的作用。

母亲去世后,丰子恺写下《我的母亲,也是我的父亲》一文悼念:

"三十三岁时,母亲逝世。我家老屋西北角的八仙椅子上,从此不再有我母亲坐着了。然而每逢看见这只椅子的时候,脑际一定浮出母亲的坐像——眼睛里发了严肃的光辉,口角上表出慈爱的笑容。

"她是我的母亲,同时又是我的父亲。她以一身任严父兼慈母之职而训诲我抚养我,我从呱呱坠地的时候直到三十三岁,不,直到现在。陶渊明诗云:昔闻长者言,掩耳每不喜。我也犯这个毛病:我曾经全部接受了母亲的慈爱,但不会全部接受她的训诲。

"所以现在我每次想象中瞻望母亲的坐像,对于她口角上的慈爱的笑容觉得十分感谢,对于她眼睛里的严肃的光辉,觉得十分恐惧。这光辉每次给我以深刻的警惕和有力的勉励。"

第二个对丰子恺影响颇深的,就是他的恩师李叔同。

在浙江省立第一师范学校读书时,丰子恺的音乐老师是李叔同先生,也就是后来的弘一法师。当时学校上课会响两次铃,一是预备铃,提醒大家准备回教室上课,之后才是上课铃,正式开始上课。

大多数老师是在上课铃响后进教室,有的还会迟到,但是李叔同先生总是一早就到音乐教室,黑板上早已清楚地写好本课内所应写的东西,钢琴琴盖打开,琴谱摆好,讲桌上放着点名簿、讲义,以及他的教课笔记簿、粉笔。等到学生们三三两两进教室的时候,李先生已经端坐在讲台上。有人上音乐课时不唱歌而看别的书,有人上课做小动作,以为李先生看不见,其实他都知道。但他不立刻责备,而是等到下课后,用很轻、很严肃的声音郑重地说:"某某等一等出去。"等到别的同学都出去了,他又用轻、很严肃的声音向这位同学和气地说:"下次上课时不要看别的书。"说过之后,他微微一鞠躬,表示"你出去罢"。出来的人大都脸上发红。

那时的学校,最重视的课程是英文、国文和数学,这三门课的老师也最有权威,但是在浙江省立第一师范学校,最有权威的就是音乐教师李叔同先生。一是因为他学问好,二是因为他认真,他做一件事,要么不做,做就要做得彻底。

李叔同出家前把照片赠予了丰子恺,其中一张他办话剧社时的照片,他扮茶花女:卷发,白上衣,白长裙拖着地面,腰身小到一把,两手举起托着后头,头向右歪侧,眉峰紧蹙,眼波斜睨,正是茶花女自伤命薄的神情。

回到杭州当教师,他一改之前留学时的西洋打扮,换上灰色粗布袍子、黑布马褂、布底鞋子,金丝边眼镜也换了黑的钢丝边眼镜。再后来他入佛教,出家为僧,修佛教中戒律最为严格的律宗。

对丰子恺来说,他从李叔同先生身上学到最宝贵的两个字就是"认真"。

无论是从翩翩公子变为留学生,还是从粗衣教师,变成修道之人、和尚,每做一种人,都做得十分像样,都是认真的缘故。

生命是一场爱的接力,遇到严慈相济的父母、遇到真诚以待的老师,最大的感恩莫过于有一天将这份爱传递出去,成为别人的"良师"。

丰子恺自己做父亲,相比于大多数父亲,他对孩子更为亲近,也更懂得发现孩子身上的闪光点。

丰子恺的漫画里,孩子总是最生动可爱的描绘对象,其中《瞻瞻的车》画的是他的长子丰华瞻,《阿宝赤膊》描的是长女丰陈宝。

他在《给我的孩子们》中评价,瞻瞻是身心全部公开的真人,什么事都想拼命地用全副精力去对付。

他细心的记录着孩子的种种趣事:花生米翻落地了,自己嚼了舌头了,小猫不肯吃糕了,瞻瞻都要哭得嘴唇翻白,昏去一两分钟;外婆去普陀烧香买回来的泥人,孩子们鞠躬尽瘁地抱它,喂它;孩子们每天做火车,做汽车,办酒,请菩萨,堆六面画,唱歌,就是大人们所呼号的"归自然""生活的艺术化""劳动的艺术化"。

一次,丰子恺买了几本新出版的毛边书,他用小刀把书页一张一张地裁开来,孩子在旁边默默看着。后来他从学校回家,发现家里一本连史纸印的中国装的《楚辞》,被裁破了十几页。孩子还得意地说:"爸爸! 我也会裁了!"丰子恺虽然生气地"哼"了一声,但并没有责骂,而是站在欣赏孩子的角度想:"这在你原是何等成功的欢喜,何等得意的作品,你一定抱怨爸爸何等不明吧。"

丰子恺在自己的家庭教育中始终坚持"寓教于乐"的理念,也让这种理念一代代的传承了下去。在央视《谢谢了,我的家》当中,丰子恺的外孙宋菲君也谈到了外公与自己的童年生活。宋菲君坦言,姥爷丰子恺给他的成长提供了莫大的支持和帮助。节目中,宋菲君谈到自己爱好广泛,常年在姥爷身旁学习文学和绘画,而姥爷丰子恺也擅长留意孩子的爱好和兴趣,当知道外孙想学胡琴就马上请了梅兰芳的琴师来教外孙。

在文艺大师丰子恺的家庭中,不论是他的孩子们还是孙辈,都喜欢在日常小游戏中营造家庭学习气氛。宋菲君在节目中说自己儿时常常和家人们进行诗词对答的游戏,也会一起玩游戏棋"览胜图"的趣事。这样在游戏里学习诗词、了解历史典故的快乐教育,让孩子们喜欢读书、热爱学习,丰子恺的子女长大了也都做了和文字有关的工作。

目前的教育现状最被人诟病的一点,教育模式化、脸谱化,独具个性的孩子送到学校,一般无二的成人生产出来,教育变成了加工,学校变成了工厂。只要孩子符合了标准,就是完成了教育任务,至于孩子什么感受,却没有多少人关心。丰子恺用漫画表达的教育观,即使在今天看来,仍然醍醐灌顶。他总结家庭教育两个弊端"似虐之爱"和"似爱之虐","似虐之爱"中,孩子们要么被打针要么被灌药要么被体罚,都在哭,没有一个开心的,但父母都苦口婆心地说是为了他们好;"似爱之虐"中,孩子看起来都挺开心,或有大把糖果吃、或学大人抽烟喝酒、或问大人要钱随便花,但是这种不受约束的溺爱,都是在祸害孩子的未来。"小中能见大,弦外有余音"的艺术特色,让他画作中承载的教育理念至今仍散发着迷人的魅力。

亦中亦西的家庭与民族音乐改良复兴第一人杨荫浏

📖 **人物介绍**

　　杨荫浏(1899—1984),又名清如,字亮卿,号二壮、次公,江苏无锡人。中国音乐理论家。少儿时即能演奏多种民族乐器和演唱昆曲,并有丰富的民族音乐知识,显见其出众的音乐天赋。1915 年毕业于无锡县立第二高等小

学校。1920 年加入基督教,为中华圣公会教徒。1921 年
毕业于江苏省立第三师范学校(今无锡师范)。1926 年 2
月上海光华大学经济系肄业。后在无锡、宜兴等地中学
任教。1936 年 4 月起相继任北平哈佛燕京学社音乐研究
员、南京中央机器厂代理总务主任、教育部音乐教育委员
会委员、国立音乐院教授。中华人民共和国成立后,历任
中央音乐学院教授、研究部研究员,民族音乐研究所副所
长,中国音乐研究所副所长、所长,中国音乐家协会常务
理事,中国艺术研究院顾问,全国政协第三、四、五、六届
委员等职。终身致力于民族音乐的收集、整理及对古代
乐谱的研究和解读,造诣高深。专著和论文甚多,以《中
国古代音乐史稿》尤为突出,蜚声海内外。

杨荫浏出身于清寒的书香世家,家学渊博。自幼喜爱音
乐,六七岁时就与胞兄杨荫溥向邻居颖泉道士学习吹奏箫、
笛、笙和拉奏胡琴,并抄录工尺谱本民间器乐曲。此后,他又
多方求教,如饥似渴地学习民族乐器。宣统元年(1909),向无
锡城中雷尊殿道士华彦钧(阿炳)学习弹奏琵琶、三弦。还从
堂姐夫章蕴宽学习弹奏古琴曲《平沙落雁》《渔歌》等。宣统三
年(1911),又拜无锡昆曲社(后为天韵社)昆曲名家吴畹卿为
师,勤奋好学,出色地掌握了昆曲"官生"的演唱和琵琶、三弦、
笛子的演奏技术。通过不懈的努力,他对中国古典音乐和民
间音乐有了初步的认识,获得丰富的民族音乐知识和多方面

的演奏演唱技能,产生了热爱民间音乐的感情,并引起了他深入了解音韵、音乐、音调、音乐历史、乐器构造等的兴趣,与音乐结了缘。这为他研究中国古代音乐历史、民族音乐打下了坚实的根底。

民间歌曲和民族音乐是国家文化遗产的重要组成部分。为弘扬中华民族的传统文化,杨荫浏竭尽全力地搜集、整理民间歌曲和民族音乐,使几乎失传的歌曲流传全国,甚至全球。早在无锡省立三师读书时,他组织并指导爱好音乐的同学演奏民族乐器,并将所选用的乐曲编辑为册,题名《雅声集》。后以此为基础,与同学陈鼎钧合编成《雅音集》第一集,于1923年出版。这是他最早出版的民族音乐集。杨荫浏在与道士鼓吹手等民间艺人往来或参加他们的演奏时,抄录了《十番鼓》《十番锣鼓》等苏南民间流行的器乐曲谱,将其完好地保存下来。1937年夏在无锡,经道家友人阚献之、朱勤甫等人的协助,他采集了苏南民间器乐曲数十本,进行研究,取各家之所长,整理成《梵音谱》《锣鼓谱》两种手稿。1947年春至1950年初在南京,每星期日与清溪琴社古琴家集会一次,用五线谱记录琴家弹奏的琴曲,计有各派琴曲60多首,编辑成《琴荟》5册(手稿),使古曲流传后世。

杨荫浏家宅靠近基督教无锡圣公会,光绪三十四年(1908)起常到教堂向美国女传教士郝路义学习英语、钢琴、西洋作曲知识及和声、对位、变调等乐理知识。郝路义出生于音乐世家,向杨荫浏学习中国诗词、音韵和昆曲,两人互教互学,关系亲近。自此，杨荫浏拓宽了视野，兼备了中西音乐两方面的知识。

中华人民共和国成立后，杨荫浏在担任中央音乐学院教授、研究部研究员兼古乐组组长、民族音乐研究所副所长、中国音乐研究所所长期间，以饱满的热情，长途跋涉，不辞辛劳，几度深入城乡，搜集、整理民间歌曲和传统曲调，抢救祖国的文化遗产。

杨荫浏在搜集、整理民间音乐和民族音乐的同时，对中国古代音乐史不懈地努力探讨，依据音乐史料，不断提出新的见解，笔耕不辍，著作等身。他先后发表论文《琵琶浅说》《平均律算解》《中国音乐史上新旧音阶的相互影响》《谈笛律》《再谈笛律答阜西》《丝弦老调和评戏唱法中所涉及的音韵问题》《中国古代音乐的发掘和整理》《三律考》等近百篇，出版专著有《音准及量音尺述略》、《中国历代乐器说明》、《民间乐曲选》（第一辑）、《关汉卿戏曲乐谱》（与人合篇）、《西厢记四种乐谱选曲》（与人合编）、《工尺谱浅说》、《中国音乐史参考图片》、《语言音乐学初探》等 20 余种，涉及中国音乐史、乐律、音律、音韵、古谱、器乐等方面的研究和解读，从中显现了他坚毅的求学精神、丰硕的学术成果、渊博的音乐知识。

1950 年 3 月在天津，适逢河北省定县子位村管乐队应邀至天津演出，他即去采访，并对该队进行研究。后与中央音乐学院教授曹安和合编《定县子位村管乐曲集》（上海万叶书店，1952 年版）。1950 年夏他专程到无锡，与曹安和合作，为昆曲

《鼓板》、苏南《十番鼓》《十番锣鼓》的演奏录音,尤为重要的是为华彦钧(阿炳)录制《二泉映月》《听松》《寒春风曲》3 首二胡曲和《昭君出塞》《龙船》《大浪淘沙》3 首琵琶曲,留下 6 首千古不朽的乐曲,抢救了这份珍贵的艺术遗产。1952 年,又与曹安和、储师竹合编、出版了《瞎子阿炳曲集》(后改名为《阿炳曲集》),使这位"瞎子阿炳"一跃为扬名海内外的民间音乐家。

1950 年秋后,杨荫浏经常与古乐组成员去天津劝业场,采访收集北方说唱音乐。1953 年初,他到北京智化寺调查采访,抄录寺僧保存的乐谱数册,进行深入研究,后编写《智化寺京音乐》采访记录 3 集(油印)。同年 7 月,他参加第二次赴陕西采访小组,回北京后,编写成采访记录《陕西的鼓乐社与铜器社》(1954 年油印)。此次采访中,发现该社保存的曲谱与宋代姜白石歌曲所用曲谱近似,为日后译制"姜白石歌曲十七首"为今谱,提供了有价值的参考。1955 年,参照西安鼓乐谱式符号等,继续深入研究姜白石创作歌曲,著《白石道人歌曲研究》(油印)。后与历史学家阴法鲁合编《宋姜白石创作歌曲研究》(音乐出版社,1957 年版),突破难关,取得可喜的成果。

1956 年 4 月至 7 月,杨荫浏率领由民族音乐研究所和湖南省文化局联合组成的采访队,对湖南民间音乐进行普查,奔走于 44 个县,之后,将参加人员的采访报告,编成《湖南音乐普查报告》(音乐出版社,1960 年版)。"文革"期间,他被下放到文化部设在河北的"五七"干校,曾到河北怀来、宝坻、静海农村进行调研。1972 年 10 月,又赴湖南长沙,考察马王堆一号汉墓出土的古代乐器。数十年来,杨荫浏为抢救、发掘祖国的文化遗产,时常奔赴城乡,孜孜不息地收集、整理民间音乐和民族音乐,做了许多卓有成效的工作。杨荫浏在拜师学习民族乐器、昆曲及与民乐爱好者交流切磋中,勤学好问,视野开阔,不仅获得许多中国古代音乐知识和民乐知识,而且搜集了不少古代音乐史料,为以后研究民族、民间音乐做了充分准备。

1925年"五卅惨案"爆发时,杨荫浏正在上海圣约翰大学读书,义愤填膺,为唤醒民众反帝爱国,用元代萨都剌《金陵怀古》所用的《满江红》曲谱,配上宋代名将岳飞的《满江红》词,油印成歌片,很快流播社会,在全国广泛传唱。1936年4月起,杨荫浏相继担任哈佛燕京学社音乐研究员、国立音乐院教授,在燕京大学、金陵女子大学讲授中国音乐史,编著《国乐概论》《笛谱》《箫谱》《三弦谱》等教材,同时开始对中国古代音乐史进行深入研究,编撰《中国音乐史纲》等专著。

杨荫浏的论著《弦乐器定音计述略》,1942年6月出版,获教育部学术审议委员会二等奖;《中国音乐史纲》,1944年缮写油印,获教育部学术审议委员会二等奖,展现了他在中国古代音乐史研究方面的不凡才华。他在研究唐人大曲及宋代姜白石词曲方面均有建树,曾撰写《白石道人歌曲未完稿》一册(自刻油印),发表《唐人大曲与近世南北曲和梵音间的渊源关系》《白石歌曲旁谱译》《白石歌曲今译》等论文,尤其是与历史学家阴法鲁合编、出版了《宋姜白石创作歌曲研究》。1956年出版的《古琴曲汇编》第一集（与人合编），是第一部公开出版的用五线谱记写的古琴谱，颇有创意。杨荫浏最突出的成就是用毕生心血编著了《中国古代音乐史稿》。

这部力作，从 1944 年写作《中国音乐史纲》开始，至 1977 年全书完成，前后 30 多年，1981 年 2 月由人民音乐出版社正式出版，共计 65 万字。是杨荫浏对中国古代音乐史研究中最重要的一部著作。他对《史稿》中所作的每一个论断，都是经过多方引证、郑重推敲的。这部享誉海内外的巨著，注重实践，资料翔实，观点鲜明，在理论上又有所发展、创新，是音乐历史与民族音乐、音律学等方面综合研究的一部最完备的著作，被高等院校音乐系科选作教材或参考书之一。

杨先生在亦中亦西的家庭教育下，对民族音乐、传统文化的认知、理解、洞察奠定了他专注于中国传统音乐文化研究事业的态度与能力。良好的家教与学习氛围，更让他避免了很多民乐"艺人"恃才傲物的乖张性格，不仅以乐养身，更用音乐文化为中国近现代历史增添了华章。

第二章

彰显民族本色

早期教育对于一个人在成长、成功道路上的关键选择具有决定性的作用，尤其是家庭传承留下的家风家教，能帮助孩子优于学、明于理、精于业。

德才兼备的母亲与近代中国歌曲兴起者黄自

📖 **人物介绍**

黄自（1904—1938），字今吾，江苏川沙（今属上海浦东新区）人。中国作曲家。1916 年入北京清华学校，开始接触西方音乐。1926 年入欧柏林学院音乐系学习作曲。1928 年入耶鲁大学音乐学院学习钢琴、作曲。1930 年任上海国立音乐专科学校作曲教授兼教务主任。1934 年与萧友梅等人创办《音乐杂志》。1937 年辞去教职，专事编写专业教材。他倡导音乐创作走民族乐派的道路,一生留下了 90 多首不同体裁、形式的音乐作品,如《抗敌歌》《长恨歌》等。

> 纯正的音乐是表现而不是模仿的艺术,与自然现象及人类生活都没有直接关系。换言之,音乐的意义就是音乐本身。
>
> ——黄自

中国著名作曲家黄自出生于江苏川沙(今属上海浦东新区)的一个书香门第。作为 20 世纪 30 年代重要的音乐教育家和理论家,黄自短暂的一生为后人留下了宝贵的音乐作品和艺术理念。身陷政治局势动荡时代的他,胸怀报效国家的热情,以音乐启迪国人智慧,努力开创了中国近代音乐的新纪元。

黄自的母亲陆梅先是一位德才兼备的知识女性,她在黄自幼时就经常教他唱民歌、背诗词,黄自 3 岁的时候就学会了沈心工的歌曲。良好的音乐教育在他幼小的心里播下了种子。黄自不仅喜欢唱歌,还喜欢文学,尤其是中国古典诗词,这个爱好也大大推动了他日后的音乐创作。

黄自还有一位叔叔——黄炎培。他常教育黄自"理必求真、事必求是,言必守信、行必踏实"。

1916 年，12 岁的黄自考入北京清华学校，在这里，他开始接触西方音乐。入学后，他积极参加学校音乐社团的活动，在管弦乐队中吹奏单簧管，在合唱队中演唱男高音，还学习了钢琴和声乐，成为了清华园内颇有名气的小音乐家。这个时期，黄自就已经认定了音乐作为自己的终身职业。

1924 年秋天，黄自以优异的成绩毕业于清华并且获庚子赔款赴美留学，入欧柏林学院学习心理学，同时他还选修了乐理、视唱听写、键盘、和声等音乐课程，1928 年黄自转到了耶鲁大学音乐学院继续学习。

1929 年，黄自的作品《怀旧》在耶鲁大学音乐学院的毕业音乐会上首演，由他的导师音乐学院院长大卫·斯坦利·史密斯亲自指挥演出。这是中国第一部大型交响乐作品，也是在国外演奏的第一部中国人写作的管弦乐作品。《新港晚报》曾刊文称赞，《怀旧》是音乐会中唯一能自始至终给人以享受的乐曲，是管弦乐曲中的佼佼者，表现出了最佳的配器手法。

《怀旧》序曲是黄自为悼念女友胡永馥而创作的，充满了19 世纪欧洲浪漫乐派的风格，宛如一首交响诗。浓郁的浪漫气息和感人的悲剧色彩，把黄自的真挚情感表现得淋漓尽致、隽永绵长。同年 8 月，黄自取道欧洲游历英、法、德、荷、意等国后回国，旋即应聘为上海沪江大学（上海理工大学前身）音乐教授、沪江大学附属中学音乐教员，并在上海国立音乐专科学校（上海音乐学院前身）兼课。

1930 年，黄自辞去沪江大学职务，应上海音专校长萧友梅博士之聘请,任该校教授兼教务主任。学校工作之余从事音乐创作、理论等方面的活动,并先后担任上海工部局音乐委员、教育部音乐教育委员会和中小学音乐教材编订委员会委员,中央文化事业计划委员会音乐研究会委员以及音乐艺文社《音乐杂志》和《新夜报》副刊"音乐周刊"主编。

黄自既接受过西方的音乐教育,也受到过中国传统音乐的熏陶,他倡导以西洋技法融入民族特色,再对中国的旧乐和民谣进行研究和整理,这样便可以产生民族化的新音乐。其一生为后人留下了 94 首包括交响乐、室内乐、钢琴复调音乐、清唱剧、合唱、独唱、教材歌曲等多种体裁形式的音乐作品;15 篇涉及理论创作、批评、欣赏、作家、历史等方面的音乐论著;56 讲有关音乐常识的课文;3 部未完成的音乐书稿。他还创办音乐社团和主编音乐杂志、音乐副刊、音乐教材、音乐教科书,为电台组织音乐节目,撰写音乐广播稿等,还为中国现代音乐史培养出了贺绿汀、陈田鹤、江定仙、刘雪庵等近现代音乐先驱,为推动中国音乐的发展不遗余力。1938 年,年仅 38 岁的黄自因患伤寒,病逝于上海。临终前,他还对夫人说:"请你快去请医生,我不能够就此死去,因为还有半部音乐史没写完。"

黄自虽英年早逝,但因早期所受教育的丰沛,在短暂的生命中为世界留下了诸多艺术瑰宝。为了实现心中的抱负,他情愿先拿下个心理学学位再迁回追梦,并一举成为获得美国大学音乐学院音乐学士学位的中国第一人。为救民族于水火,他拒绝留美继续深造的邀请,投奔祖国怀抱,成为职业作曲家、中国电影片头曲第一人,创作出若干高水准、具有东方审美意蕴的艺术歌曲,以扬中国文化之自信。他是学生心目中没齿难忘的恩师,是语言学家眼中作词考究的学者,是学界公认的中国早期音乐教育影响最大的奠基人。

幼时启蒙与中国近代舞蹈教育之母戴爱莲

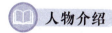 **人物介绍**

　　戴爱莲(1916—2006),广东新会(今江门市新会区)人,生于西印度群岛的特立尼达岛。中国共产党优秀党员、中国当代舞蹈艺术先驱者和奠基人之一、中国舞蹈家、舞蹈教育家、中国舞蹈家协会名誉主席。被誉为"中国舞蹈之母"。1930 年,她赴英国伦敦学习舞蹈,曾先后师从著名舞蹈家安东·道林、鲁道夫·拉班等,后来又投奔现代舞大师玛丽·魏格曼。1940 年回国,主要舞目有《思乡曲》《卖》《拾穗女》等。中华人民共和国成立后,戴爱莲出任第一任国家舞蹈团团长,第一任全国舞协主席,第一任北京舞蹈学校校长,第一任中央芭蕾舞团团长等。

　　1916 年,在西印度群岛特立尼达岛的一个三代华侨之家,迎来了一个小生命，家人给她起名为爱琳·阿萨克。小爱琳的祖先是在太平天国起义后随家族一起来到这个岛国的，她的祖上实际上并不姓戴，她父亲是家中老大，别人称其为"阿大"。广东人"大"与"戴"区别不大，后来"戴"就成了家姓，而英文的爱琳译成汉文后就成了"爱莲"。

戴家姐妹有仨，爱莲是最小的一个。由于是老小，爱莲从小就得到父母极大的宠爱，使她养成了我行我素、富有主见的性格。爱莲从小就是个喜欢动的孩子，男孩子做的事情她样样都喜欢，而女孩子喜欢的洋娃娃之类的玩具，她却从没上过心。

戴爱莲最初的艺术启蒙是音乐。她的家里有一台自动钢琴，这让小爱莲找到了一个释放自我艺术思维和表现的表达工具，她从7岁开始学琴，7年之后钢琴水平已通过中级考试。

幼小的爱莲喜爱舞蹈，或许是来自音乐的帮助，她的节奏感非常强，常常在小伙伴的游戏和舞蹈中充任主角。一位在英国学习过芭蕾舞的亲戚给了她最初的芭蕾舞启蒙教育，后来在母亲的帮助下，她成为岛上第一个与白人同校学习芭蕾舞的华人学生。戴爱莲在舞蹈技艺上的神速进步，使她很快成了班上的明星级人物。一边学钢琴，一边学芭蕾舞，音乐和舞蹈的艺术养料，缓缓滋润着她幼小的心灵。

7岁上小学时，班上有各种肤色的同学，这让幼小的爱莲意识到自己的"华人"身份。然而，特立尼达是英属殖民地，教育体系全部是西方式的，没有地方可以学到华语。当时的爱莲并不知道，没有华语的语言基础，让她在日后的生活中，碰到不少麻烦。

戴爱莲的童年，就是这样在音乐和舞蹈、海浪和飞鸟中度过的。

1930年，14岁的爱莲跟随母亲和姐姐一起远赴英伦，踏上了艰辛的专业学舞之路。

到英国之后，戴爱莲最幸运的事情莫过于她很快便开始在英国舞蹈名家安东·道林的教室上舞蹈课。安东·道林是世界级舞蹈大师，能有机会跟他学舞，对戴爱莲来说简直就像是一个美丽的梦。她甚至做梦也不曾想到过，这么巨大的幸福这么快就降临到她的身上。获得这样的机遇是一件非常难得的事情，于是，戴爱莲如饥似渴地开始了芭蕾舞的专业学习。戴爱莲很幸运，道林老师人很好，他不仅指导她的舞蹈技艺，同时也是她的良师益友，她与老师的友谊牢固地持续了一生。这段学舞生涯，让戴爱莲念念不忘，当她在晚年回忆起这段经历，还是激动得难以抑制。当时，很少有有色人种学习芭蕾舞这种纯西方的艺术形式，加上戴爱莲人长得矮小，很难有发挥的机会。然而，道林老师却给了她极大的信心和勇气，让她坚定了自己从事舞蹈艺术的信念。

英国的芭蕾舞发展在世界范围内都是有一定分量的，著名的切凯第学派最终就是在英国这块土地上生根，并在全世界范围内广为传播。在这样一个芭蕾舞的大本营中，戴爱莲如鱼得水。除了跟随恩师道林学舞外，戴爱莲也求学于其他芭蕾大师,这使她博采众长,建立起成熟的判断能力。戴爱莲后来成为中国芭蕾舞的第一人,组建了中国中央芭蕾舞团,这段在英国学舞的经历,是她日后成功的根本保证。

当时的欧洲,现代舞的发展运动同样是如火如荼,现代舞那自由的舞动和深入介入生活的能力,让戴爱莲极为震动。她在学习芭蕾舞之余,又扑进了现代舞的怀抱,先后学习了魏格曼体系、拉班理论和尤斯的现代舞蹈,成了一个"不安分"的艺术家。广为学习之后,戴爱莲开始用舞蹈做语言,揣摩着、找寻着最适合自己和自己最想表达的思想。据她本人回忆,在这段时间中,除了芭蕾舞和现代舞,最让她觉得有意义的是,她还特别学习了拉班舞谱。拉班舞谱是目前在世界范围内运用最广泛的一种舞蹈记谱方式,戴爱莲回国后,积极地推广拉班舞谱在中国的应用。

渐入青春年华的戴爱莲一边学习,一边开始寻找工作的机会。在艺术观逐渐成熟的同时,她饱尝了人世的磕绊。在经受了战争磨难的同时,在饱览西方社会的冷暖之后,她回归祖国的念头与日俱增。羽翼丰满的戴爱莲,随时找寻着回国的机会,一个人生最重要的梦想,正在越来越清晰,越来越具体。

1940年,24岁的戴爱莲终于踏上了她梦寐以求的归国之路。戴爱莲在回国之前,已经开始投身到抗日的工作之中。当卢沟桥的枪声响起,这位以舞蹈为武器的充满革命精神的华侨姑娘,便开始了她的抗议宣言。当时,在英国、美国、南非、印度,各国的正义人士掀起了声势浩大的反对日本侵略者、支持中国人民的各种活动。伦敦的一个名叫"援华运动委员会"的组织,号召人民为处于战事之中的中国人民募捐,戴爱莲毅然参加了由该组织举办的募捐义演。当她得知捐款最终都被汇集到由宋庆龄领导的"中国抗战同盟"组织时,她笑了,她第一次为自己能为祖国的抵抗运动贡献绵薄之力感到欣慰。

战争加快了戴爱莲回国的步伐。英国对德国宣战,伦敦成为战争的前沿。战争把戴爱莲继续跟随著名现代舞蹈家尤斯(现代舞剧《绿桌》的编导)学习的梦想彻底粉碎。与其在英国等待,不如早日回归自己的祖国。于是,经过各种努力,她终于踏上了多少年来魂牵梦萦的回国之路。

> 我回祖国有两个原因:一是国家危亡,而中国人民正在觉醒,我要投身到抗击侵略者、争取民族解放的斗争中去;二是我爱中国传统文化,我要寻找我梦寐以求的中国舞蹈。
>
> ——戴爱莲

戴爱莲后来说,她一生碰到的幸运事情太多,其中之一就是在到达香港后遇到了她仰慕已久的伟大的中国女性——宋庆龄。更让戴爱莲感到自豪的是,她刚抵达香港,便参加了由宋庆龄组织的抗日募捐义演。抗击日本侵略者的怒吼,从她瘦小的身躯中迸发出来,为民族前途疾呼,成为年轻戴爱莲的心声。于是,在香港、重庆、桂林,在戴爱莲到过的每一个地方,她都不忘用自己的肢体语言表达正义的心声。

戴爱莲的心声是通过一系列脍炙人口、充满鼓劲情绪与感动情怀的舞蹈作品呈现出来的。《警醒》《进行曲》《哭泣的垂柳》《卖》《游击队的故事》《思乡曲》《空袭》《东江》……这些具有革命精神的舞蹈作品,在中国广大民众的心中产生了极大的共鸣。

《警醒》表现的是一位第一次站岗放哨的游击队员的心理活动。第一次站岗,年轻的游击队员难免紧张,周围的每一点情况,都让他警觉不已。戴爱莲在这个作品中,没有使用伴奏音乐,而是敲击腰鼓奏出警惕的氛围和节奏。这个作品是她在英国的最后一年跟尤斯学舞时创作的。

《进行曲》表现的仍是中国的游击队员,是戴爱莲1935年开始学习现代舞时创作的一个实验性作业。当时,有人不相信戴爱莲能编出这类现代舞的作品,为了证明自己的能力,戴爱莲请她的一位弹钢琴的朋友贝蒂帮她找到了普罗科菲耶夫创作的进行曲做伴奏。伴着刚强有力的音符,戴爱莲不仅证明了自己,也为自己的舞蹈事业增添了漂亮的一笔。她在香港演出该节目时,宋庆龄建议她把服装改成当时的国旗图案,从而更加突出了她鼓动中华民族不断向前行进的初衷。

《哭泣的垂柳》中戴爱莲运用了一个欧美人最熟悉的隐喻,把湖边长长的垂柳比作眼泪,从而表达自己对中国人民所遭受的空前劫难与欺凌的深切同情和极大愤慨。流不尽的眼泪,像垂柳一般涓涓不止,生动感人的形象产生了巨大的艺术感染力。

这些作品虽然诞生在英伦,但特定而深刻的主题,让它们在戴爱莲刚刚返回祖国之时便拥有了实际的意义。

回到祖国的戴爱莲,面对日军妄图吞并中国的凶残暴行和祖国大地的凋敝惨景,感同身受的同时更加激发了她高昂的创作激情。她在与吴晓邦和盛婕合作举行的"舞蹈发表会"上,把《进行曲》改为双人舞,同时又参加了吴晓邦创作的《合力》,用他们共同的"合力"号召各阶层团结一致,共同抗日。

而她本人更是一发不可收拾地先后创作出一系列更加符合中国社会现实的舞蹈作品:《卖》《游击队的故事》《思乡曲》《空袭》《东江》……这些作品不但鼓舞了战时的中国人民,同时也是中国舞蹈在近现代史上发出的最强劲的声音。

由戴爱莲创作并表演的独舞《东江》,是于 1941 年在香港问世的。当时,戴爱莲读到了一篇报道,报道中说,广东东江的渔民们在日本飞机的轰炸下船翻人亡,景象凄惨。为了表现出当地渔民以及中国人民对日本侵略者的强烈愤恨,戴爱莲用现代舞的技巧表现了这一富有启迪意义的主题。

于 1942 年在重庆上演的《空袭》,是一部有 4 个人物的小舞剧。舞剧通过一位母亲与女儿和 2 个儿子在日寇对重庆轰炸下的悲惨遭遇,控诉着侵略者的暴行。特别是由戴爱莲扮演的女儿一角,深深地打动了观众的心,在社会上引起了极大的反响。

而《思乡曲》表现的是一位妇女在颠沛流离之中思念故乡

的真切情感。为了表现战乱的背景,戴爱莲特地设置了一架常见于东北地区的马车。后来她在美国表演这个作品时,改用一只木箱子,同样营造出流离失所的场景,唤起了美国观众的极大同情。当年马思聪在重庆的现场伴奏,让戴爱莲很长一段时间内无法忘怀。在 2005 年由中央电视台三套制作的一档"艺术人生"节目中,戴爱莲噙着满眼的热泪在现场的小提琴声中回忆了这个作品的创作过程。

无论从哪个角度考察,这个时期戴爱莲的创作和表演都达到了一个空前的高度。而在这个时期之后不久的另一次事业上的辉煌,是戴爱莲轰动一时的"边疆舞"。

戴爱莲返回祖国之后,辗转奔波于各地表演采风。她克服种种困难,进瑶山、入西康、赴新疆,向能歌善舞的少数民族同胞采风学习,悉心研究他们的舞蹈,并在此基础上相继创作了《马车夫之歌》《瑶人之鼓》等脍炙人口的作品。她在重庆新华社组织的晚会上看了延安文工团的演出后,深受震动,很快创作出大型秧歌剧《朱大嫂送鸡蛋》等舞蹈。她还从地方戏曲中吸收营养,从桂剧移植改编了《哑子背疯》。从这样的经历和努力中可以感悟到,戴爱莲对祖国的民族艺术是多么的喜爱。

1946 年戴爱莲在重庆推出了一台由她创作并主演的多彩多姿的"边疆舞蹈大会",作品有:充满活力的维吾尔族舞《青年舞曲》、优美的苗族舞《苗家月》、欢快的藏族舞《春游》、抒情的彝族舞《倮倮情歌》等。这些作品让观众目不暇接,很多人惊叹:天下竟有这么多美妙的舞蹈! 人们纷纷表示:作为中国人,过去只欣赏西洋舞蹈,看到戴爱莲的演出,才知道中华民族的舞蹈竟是这样的丰富多彩。戴爱莲的"边疆舞",一时成为当时山城的热门话题,媒体盛赞她为"人民艺术家"。不久,她的"边疆舞"风又刮到了上海,并如燎原之火般迅速在上海大中学校的学生中传播。这个健康而进步的舞蹈运动,实际上在学生解放运动的开展上,起到了团结同学的积极作用。"反饥饿、反内战、要民主、要和平",学生运动遍及全国,有口号处就有边疆舞的歌声舞影。戴爱莲的"边疆舞",成就了中国现代舞蹈史上的一段佳话。

中华人民共和国成立之初,国内没有一家专业的舞蹈团体。培养人才、组织建设、创作新作,成为发展中国舞蹈事业的当务之急。面对建国后中国舞坛的贫瘠景象,戴爱莲扛起了发展中国舞蹈事业的重担,她像一位辛勤的园丁,开始为祖国的舞蹈百花园育苗、施肥、浇灌。

戴爱莲在华北大学文艺学院舞蹈队工作时,为中华人民共和国培养了第一批舞蹈演员。

在中央戏剧学院舞蹈团,她主持组建了中华人民共和国第一个舞蹈团,该团后来成为中国中央歌舞团。当时国家的重要演出任务,都是由该团完成的,并在国际上屡次获奖。

为庆祝世界和平大会的召开,戴爱莲参加编导并主演了中国第一部芭蕾舞剧《和平鸽》。

作为第一任校长,戴爱莲于 1954 年主持了中华人民共和国的第一个舞蹈学校——北京舞蹈学校的教学工作。在她的领导下，一批又一批舞蹈人才，源源不断地成为中国舞坛上的生力军。

中国第一个芭蕾舞团——中央芭蕾舞团，也是在她的领导之下成立的。

作为中国当代舞蹈艺术先驱者和奠基人之一，中国的舞蹈事业，与戴爱莲息息相关，正是她的辛勤栽培，才让中国舞蹈事业从荒原变成绿色一片。

最值得让后人永远记住的是，戴爱莲为中国的舞蹈创作做出的贡献。她不仅身体力行，创作出流芳百世的《荷花舞》，更为重要的是，她的创作从思想和艺术两个角度，深深影响了中国舞蹈艺术的发展。

女子群舞《荷花舞》，是戴爱莲一生最重要的代表作。《荷花舞》（作曲：刘炽，首演者：徐杰领衔）取材于流传在陇东、陕北的民间舞"荷花灯"，曾有刘炽等艺术家对其进行过加工。1953年，戴爱莲以高超的编舞技法进行了再创造，以比兴的手法，表现了荷花出淤泥而不染的性格，以"盛开的荷花"象征欣欣向荣的祖国。舞蹈形象鲜明、动作流畅、结构凝练，于简洁中颇显大师功力。在许多外国人的眼中，《荷花舞》几乎成为中国舞蹈的代名词。舞蹈家林怀民就曾表示，他被戴爱莲的《荷花舞》感动得无以复加，舞蹈所表现出来的那种中国人所独有的大气和健康之美，让他感喟不已。

女子双人舞《飞天》（创作于1954年）是戴爱莲的另一部传世之作。它是中国当代第一部取材于敦煌壁画的舞蹈，戴爱莲成功地运用了戏曲中"长绸舞"的形式,把它加工为独立的纯舞蹈艺术。舞蹈追求的不是敦煌壁画的描摹再现,而是以绸带飞扬瞬间的舞姿造型和流畅、滑翔、腾跃的步伐,表现翱翔天宇的一种意境——寄予人类的希冀与向往。《荷花舞》与《飞天》先后于 1953 年和 1955 年参加在柏林与华沙举行的世界青年与学生和平友谊联欢节国际舞蹈比赛并获奖,1994 年被确认为"二十世纪中国舞蹈经典作品"。

戴爱莲为 1949 年之后的中国舞坛绘出了一幅幅生动而美丽的画卷。她的工作领域从创作到教学、从组织到交流,为推进中国舞蹈事业的发展,做出了不懈的努力。而中国的舞蹈事业,从一棵破土的小嫩苗,在几十年的风雨中,终于长成今天这棵参天大树。这其中,戴爱莲的心血有目共睹。

在创作和领导工作之余,戴爱莲为拉班舞谱在中国的推广,立下了汗马功劳。她亲自开班教学,亲自记谱出书,为中国舞坛培养了第一批拉班舞谱的专家。由于成绩卓著,"国际拉班舞谱会议"于 2004 年夏天在北京举行了第 22 届年会,以表彰戴爱莲为推动此项工作而做出的卓越贡献。

三代侨居的生活,一颗始终爱国的心,让扎根在中国生活的戴爱莲,找到了"回家"的感觉,她曾说:"芭蕾是我的工作,民族舞蹈是我的挚爱……"正是这种爱促使她在创作中不懈地追求中国舞蹈的神韵,与此同时,她又以其精当的鉴赏力,将西方舞蹈的精华介绍到中国,成为一位名副其实的沟通中西舞蹈文化的使者和功臣。

第三章

打通中西壁垒

爱小家而后爱大家，深入血脉的家庭教育，如源源不绝的能量，可以推动一个人的梦想朝着更宽更广的天地发展。

家教培养与一生传播昆曲、书法的张充和

人物介绍

张充和（1914—2015），女，出生于上海，祖籍合肥，为淮军主将、两广总督署直隶总督张树声的曾孙女，苏州教育家张武龄的四女（"合肥四姐妹"中的小妹）。张充和在1949年随夫君赴美后，在哈佛、耶鲁等20多所大学执教，传授书法和昆曲，为弘扬中华传统文化默默地耕耘了一生。被誉为民国闺秀、"最后的才女"。

张充和 1914 年生于上海,祖籍合肥,是苏州教育家张武龄的四女。近现代,她的昆曲、诗词、书法造诣皆秀逸超凡,成就件件文坛轶事。由于身处灿若星辰的一众名家贤士之间,张充和的知交师友中有胡适之、沈尹默、章士钊、闻一多、沈从文、卞之琳、张大千等。抗战年月,这位正当韶年、俏皮聪慧的"张家四小姐",在一群"国粹"长者中间穿梭来去,恰如烽火战场间绽放的春兰秋菊,受到众星捧月般的疼爱和娇宠。

在诸多民国闺秀之中,有一位似乎没有经历大的波澜和惊险,也没有被时代改造或异化。与那个时代的文人知识分子一样,在变动不息的时代里,在新旧世界的转换中,她既承担着责任,又有着对生命本质追求的态度。在近一个世纪的时代动荡之中,她抱璞归真,执着于书法与昆曲艺术,当大部分人的艺术知觉在生活的动荡或平凡的日常之中一点一点被磨灭,张充和却以她优雅唯美的姿态完美诠释了被传统文化浸润的"精神贵族"之丰满。这与她深厚的家学、淳朴的家风息息相关。

张武龄,他本人并不如何知名,可是他养育的 4 个女儿张元和、张允和、张兆和、张充和,每一位都成为名满天下的才女,被称为"合肥四姐妹"。小女儿张充和选择了当时非常罕见的跨国婚姻,她的丈夫傅汉思虽是地地道道的"老外",却是著名的汉学家,有着颇为深厚的中国文化涵养,二人有很多共同话语,后来均在美国耶鲁大学任教,携手弘扬中国传统文化,成就了美满的婚姻与事业。不仅如此,事实上,四姐妹以外,张家的 6 个儿子同样出类拔萃,各有建树。10 个子女个个成才,这其实与他们的父亲著名教育家张武龄的培养分不开。

张武龄出身合肥名门望族,父辈非常重视诗书礼仪的传承。在如此家风濡染下,他从小便广闻博览,思想颇为开化。

辛亥革命后,张武龄携一家迁往上海,一来为了回避庞杂的家族事务,让孩子免于沾上封建陋习;二来为了离开闭塞的合肥,让孩子眼界开阔、思想进步。

不久,出于安全考虑,他再度携家人前往苏州,彼时的苏州风景如画、民风清嘉、局势相对稳定,可以说非常宜居。

当孩子看到位于苏州九如巷的新家花园时都欢喜极了,这里"有水阁凉亭,有假山,有花草,有果树,粉墙黛瓦,幽美雅静,此景只应天上有"。

在这一花园中,张武龄设置了一间书房,供孩子读书习字;又搭建了一座戏台,供孩子登台演戏。

"每天我们只要离开了书房,这里就不再安静。我们有时文文雅雅地学王羲之'临池洗砚',更多的时候是疯疯癫癫爬山、玩水。"《张家旧事》一书如此回忆。

张武龄为孩子创造了优美雅致、趣味盎然的生活环境,置身其中,孩子从未觉得学习是件苦差事。

相反,他们每天读书、唱戏、玩耍,"度过了一生中最甜蜜、最幸福、最无忧无虑的时光"。

不仅如此,张武龄重视教育,在苏州创办了乐益女子中学,坚持办了 17 年,在当地颇有名望。充和这一辈里,每一位都出色,后来大家所进入的领域,也几乎都与文化与文艺有关,是近代文化史里很重要的一笔。张宅与学校只隔了一墙,由一道月洞门进出。充和也在父亲办的女中里上学,从月洞门里走出去,就像走进新的世界。那时的充和说,自己总在新世界与旧世界之间徘徊,往新世界的步伐有点勉强,往旧世界走,却极其自然。

在这唯美的家园里,张父包容着孩子们所有的兴趣爱好,也装满了兄妹之间如诗如歌的青春梦想,正如昆曲水磨腔一般,在家学的孕育下,他们共同策划编辑出版家庭刊物《水》,充分展现了张家人深厚的文化底蕴与隽永的真挚亲情。

不由想起古代"孟母三迁",与张武龄两度迁居,都是出于同样的考虑:为了让孩子能在良好怡然的环境中,更健康快乐地成长。

我国教育家陶行知曾提出"生活教育"的理论:过怎样的生活便受怎样的教育。过好的生活便受好的教育,过艺术的生活便受艺术的教育,过快乐的生活便受快乐的教育。

张武龄为孩子创造了自在的生活。他从来不给孩子设限,相反,他给予孩子最大的自由,让他们随着内心去发展兴趣,放飞自我。

大姐元和凭着对昆曲的热爱在艺坛辛勤耕耘,最终成为昆曲名家。二姐允和从光华大学历史系毕业后,担任中学老师,负责教材编辑。三姐兆和从中国公学大学英语系毕业后,担任《人民文学》编辑和中学老师。四姐充和工诗词、擅书法、通昆曲,先后到北京大学、耶鲁大学任教开讲。

大弟宗和从清华大学历史系毕业后,来到贵州师范大学教授历史和昆曲。二弟寅和擅长文墨,通晓格律,成为记者和诗人。三弟定和从小便显出音乐天赋,后来成为作曲家,获得中国音乐"金钟奖"终身成就奖。四弟宇和从小在苏州花园中已对植物有浓厚兴趣,后来投身研究成为植物学家。五弟寰和从西南联大毕业后任苏州乐益女中校长,成为桃李满天下的教育家。小弟宁和从小热爱音乐,从巴黎音乐学院留学归来后担任中国交响乐团指挥。

英国哲学家罗素曾言:参差百态乃幸福本源。

张家孩子的兴趣爱好各有差别,人生走向彼此不同,但最终都在实现人生价值的过程中,收获了快乐与幸福。

值得一提的是,九如巷张家进门处,有两口井,一口是苦井只能用来日用洗漱,一口甜井可以用来喝水烧饭,这一苦一甜两口井相隔仅有二尺,井上还有一颗无花果树散开,如伞一般遮蔽保护着这个小院。在生活的细微之处用心良苦,于小事之中见真知,孩子自然能在潜移默化中受到诗书艺术的熏陶,感悟快乐幸福的真谛。

父亲的坚持与中国歌剧第一夫人周小燕

📖 人物介绍

　　周小燕(1917—2016)，湖北武汉人。毕业于巴黎俄罗斯音乐学院，中国花腔女高音歌唱家、音乐教育家、上海音乐学院终身教授。一生致力于声乐教学，为祖国培养许多优秀声乐人才。鉴于周小燕先生的突出贡献，党和政府一次又一次给予其奖励：上海市三八红旗手、上海市劳动模范、上海市教育功臣、全国各地十大女杰、全国优秀共产党员、全国教学名师、全国教书育人楷模、中国音乐金钟奖终身荣誉勋章。代表作品有《长城谣》《最后的胜利是我们的》《蚌壳》。被誉为"中国之莺""中国第一歌剧夫人"。

　　周小燕的父亲周苍柏是湖北的一位爱国的开明人士，出身于武汉的工商世家，曾获美国纽约大学银行系商学士学位，归国后很快在银行界崭露头角，逐渐成为叱咤风云的大银行家。曾任汉口上海银行经理，湖北省银行总经理，重庆华中化工厂、汉中制革厂董事长，成为武汉工商业家族代表人物。

　　周苍柏热爱音乐，自己没有机会学，就把对艺术的爱都倾注在了妻子、儿女身上。所以周小燕和她的弟妹们从小就有很好的艺术学习环境。他将他的大女儿小燕送到了法国去学音乐。

大革命失败后,周苍柏目睹了国民党政治上的腐败、纸醉金迷、醉生梦死的现状,为自己的祖国深感担忧。作为爱国民主人士,他为了支援抗战而多次慷慨捐款。中华人民共和国成立后,又将武昌大块的土地捐献给了国家,后来建设成为了著名的东湖风景区。

周苍柏为人性格豪放、秉公好义。抗战时,周恩来在武汉负责统战工作,结识周苍柏,并建立了联系,对这位热心救亡图存的爱国银行家,自然有一见如故的情感,并感觉到他是一位有才干的人。周苍柏的次子周德佑是中共党员,抗战时参加了拓荒剧团所属的话剧第七队,在武汉地区进行抗日救亡的巡回演出。不久,周德佑积劳成疾,不幸夭亡。周恩来深表同情、悲痛,亲自参加追悼会,邓颖超还题了"模范青年"的悼词,《新华日报》为他出了专刊。周苍柏夫妇对此非常感激,虽因失去爱子而悲痛,但他更加坚定了救亡决心,照样支持儿子原来所在剧团的工作。

武汉沦陷后,周恩来、周苍柏都来到重庆。这时,周苍柏担任中美合资的复兴公司协理,自己还办了一个化工厂。周恩来便利用他亦商亦官的社会地位,来掩护党的地下工作,并把他家作为一个子据点。不少共产党员和进步青年往来于周苍柏的公馆。

抗战胜利后,周苍柏负责后救济总署湖北署工作,经常给李先念部队提供物资。还设法帮助一些伤员到武汉就医,伤愈后再将其送回部队。

在这样实干又博爱的父亲的悉心教育下,周小燕一生坚毅爱国,即使留学在外获得诸多荣誉,也从未忘记受苦受难的同胞,她用高亢唯美的音调,让世界听到了那个时代的中国声音。

"万里长城万里长,长城外面是故乡,高粱肥大豆香,遍地黄金少灾殃⋯⋯"

这首在战火纷飞的年代激励了一代人的《长城谣》是周小燕的成名曲。1937 年抗日战争全面爆发,原本在国立音专读书的周小燕被迫中断学业回到家乡武汉,这不仅是她演唱《长城谣》的契机,也给了她一次改变命运的机会——留学法国巴黎俄罗斯音乐学院。1938 年到 1947 年,9 年留学期间的一场"布拉格之春"音乐会对她来说意义深重,她得到了与肖斯塔科维奇、梅纽因、伯恩斯坦等大腕同台亮相的机会,这是周小燕第一次在如此重要的音乐会上演出,两首中国乐曲令在场的外国人都记住了这个身材的娇小的中国姑娘,自此周小燕便得名"中国之莺"。

在这之后,她便开始在整个欧洲演出,先后登上英国白宫剧场、巴黎大学城国际剧场、卢森堡卡西诺剧院、德国柏林复兴剧场、巴黎香爱丽舍剧院、巴黎卡沃大厅的舞台。外媒纷纷这样评价她:嗓音纯净,像水晶般坚实,像钻石般光彩,花腔技术娴熟高超……

1947 年 10 月,正当周小燕在欧洲的演唱事业如日中天之时,她却毅然回到祖国,从舞台走向讲台,培养出了一批又一批在世界舞台上发光发热的声乐人才,廖昌永、张建一、魏松、王莹、李秀英、高曼华、方琼等都是她的学生。

谈起选材的标准,周小燕说:"我其实不挑嗓子,但挑人。"在她看来,比起有一副天生的好嗓子,她更看重的是有没有好的音乐感觉,以及有没有好的品德。

对于声乐教学,她总结出了一套自己的教学体系,其精髓之处在于:不能头痛医头,脚痛医脚。言下之意是说,在进行气息、声音、咬字等部分的训练时,需要有一个"整体"的目的作为指导,而不是单纯的练习每一个零件。"每个零件都很好,但是装不到一起去,那不是等于没做吗?"

留学及旅欧演出的经历,让她有意识地探索了美声唱法与中国音乐有机结合的可能性。她觉得,歌剧不应该是西方人的专利,虽然我们已经有了像《白毛女》《江姐》这样的作品,但中国原创歌剧完全可以做得更好! 她说:"我活着总感到有事可做,我这一生多么想排出一部能在世界艺林中站住脚的歌剧,我梦中都在排中国歌剧。"她的心愿终于在 2014 年得以实现,原创歌剧《一江春水》被她亲手推上了上海国际艺术节。如今,全国各地的艺术院团都在尝试自创歌剧,一定程度上就是受到了她的鼓舞。

98 岁时,周先生说:"我从来都不觉得自己老了。他们每天只给我一个学生,我觉得两个还是可以的,否则一天有这么多时间,我就劳动一个钟点,太少了!"而她的学生们,也继承着她的志愿,继续为中国歌剧与声乐艺术发展发光发热。

父亲的清音遗志与作品进入太空的管平湖

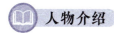 人物介绍

　　管平湖(1897—1967),名平,字吉庵、仲康,号平湖,自称门外汉,祖籍江苏苏州,生于北京。中国琴家。清代宫庭画师管念慈之子。从小随父学习绘画、弹琴,幼年丧父后,广泛求艺,拜杨宗稷悟澄及秦鹤鸣等琴家为师;师从名画家金绍城,学花卉、人物,擅长工笔,笔法秀丽新颖,不为成法所拘。为"湖社"画会主要成员之一,后任教于北平艺术专科学校。

　　1977年美国宇航局向外太空发射"旅行者号"探测器,搭载了一张能代表人类文明的10亿年无损的金唱片,这张金唱片总时长为120分钟,其中30分钟介绍地球、生命、人类等声波信息,余下90分钟全是音乐,意在用最抽象的艺术语音与外太空生命进行信息交流,收录了世界各国名曲27首,而中国唯一入选的就是管平湖先生用"明代第一旷世古琴——飞

瀑连珠"演奏的《流水》,也是金唱片中单曲时长最长的一首作品(7分多钟,仅次于它的是贝多芬的《第五交响曲》第一乐章)。这首被载入人类文明史的作品到底是什么?为何选择管平湖演奏的版本?

当时,光碟的音乐编辑安·德鲁扬找到哥伦比亚大学作曲教授周文中,请他好好考虑并推荐一首中国乐曲。

意外的是,周文中竟不假思索地答道:"《流水》! 这是一首人类意识与宇宙共鸣的冥想曲,用古琴演奏,这种乐器在耶稣降生之前几千年就有了。自孔子时代起,《流水》一曲就是中国文化的组成部分。选送这首乐曲足以代表中国。"

《流水》是古琴的经典曲目。相传为伯牙所作,言其志在高山,仁者之乐也;志在流水,智者之乐也。最初《高山》《流水》本为一曲,至唐代才分作两曲,至宋代又分有若干段数。后世各种传谱虽然段数不尽相同,但是乐曲意境大致相同。

清咸丰至光绪年间川派琴家青城道士张孔山在原第五、六段之间加了一段,成为九段。所加的这一段也就是为琴家们所著称的"七十二滚拂"。这一段增加了大量滚、拂的手法,模拟水流之声,形象地描绘出汪洋浩瀚、急湍奔流的气势,是全曲中最突出、最精彩的部分。此本《流水》又被称为"七十二滚拂流水"或"大流水"。

现今琴人们所弹的《流水》大多采自张孔山的《天闻阁琴谱》。首段,起全曲水流之势,隐约暗示全曲的主题音调;二、三段用泛音写出山涧小溪潺潺、瀑布飞溅的各种泉声;四、五段表现万壑之泉由细流出山汇入洪流,并渐有汹涌之势;自六段起,水流汇入浩瀚汪洋,急流穿峡过滩,形成惊涛骇浪、奔腾难挡的气势,传达了不畏艰险、勇往直前的品格;七、八段为高潮之后的余波,忽缓忽急,时放时收,渐渐平复;第九段以杳渺徐逝的气象终曲。

这首琴曲充满着人与自然的和谐之音,散发了天籁、地籁、人籁相知相合、浑然一体的气象。此曲兼有抒情性和模拟性,虚实结合、情景相融、气象高远,成为最受琴家青睐的琴曲之一。

管平湖先生将《流水》或万壑争流、腾沸澎湃之观,或轻舟已过、余波激石的清越展现得淋漓尽致,再加上宁献王朱权制"飞瀑连珠"的琴音若空谷清澈、如星汉绵长、似泰华穹隆。管平湖先生的琴技运指稳重刚健、煞有神韵,风格苍劲古朴、刚柔相济。先生虽逝,但有录音资料留存,大部分为 20 世纪 50 年代或更早期灌制,限于当时的条件,其音响效果显然不能与现在的录音相比,但仍能听音见人,一睹宗师风采。

1897 年 3 月 4 日,管平湖先生出生在一个艺术世家。父亲管念慈是清代宫廷如意馆画院院长,既精于绘画,也擅长弹琴,善篆刻,光绪帝所用玺印多出其手。受父亲的熏陶,管平湖从小就和古琴结下不解之缘。童年时代的管平湖逍遥自在,并受琴棋书画等多方面熏陶,然而 13 岁那年其父去世,又遇朝代变更,从此日趋贫困。中华人民共和国成立前期,管平湖可谓是家徒四壁,不得不白日教学,深夜作画,有时为了卖一把扇面,徒步从北城走到南城荣宝斋。管平湖精于修琴,但为了生存,也曾做过故宫博物院的油漆工,现在故宫珍藏的唐琴"大圣遗音"、明琴"龙门风雨"和两个明代的大柜子都是管平湖修整的。

1949年前夕,管平湖生活越发窘困,只好靠画幻灯片糊口。他租住的房子里没有取暖的东西,也没有御寒的衣服,即便如此,他也没有放弃过打谱和弹琴,常常通宵达旦弹琴。冬天的时候,他越弹越冷,就在屋里小跑一会儿再弹琴。更使管平湖痛心的是,他的3个子女相继故去,唯一的儿子不知所终,大女儿原是清华学生,也不幸于1949年去世,剩下的两个女儿在中华人民共和国成立后南下参军,在文工团工作,其中二女儿在南下期间不幸病故,最后就只剩下一个小女儿。据管平湖的弟子郑珉中所述:"管先生从来不愿说起家庭的事情,我们也是从侧面知道一些,但这些对管先生的影响肯定是很大的。"

管平湖的琴技最早师承于其父,又跟张相韬、叶诗梦学琴,后拜北京著名琴家杨宗稷学琴二载,之后遇释悟澄和尚,经其整理指法,跟道士秦鹤鸣学川派《流水》。另外,管平湖虽然没从黄勉之(杨宗稷的师父)学过琴,但曾去拜访过黄勉之几次,见过其弹琴,称深感黄勉之出音坚实有力,尤其是用指灵活,与杨宗稷迥异,深受影响。再加上人生阅历与个人钻研,形成了独特的演奏风格,创造了刚健稳重、苍劲古朴风格的"管派"。

管平湖先生的代表曲目有《流水》《广陵散》《胡笳十八拍》《幽兰》等,而《流水》一曲被载入美国旅行者 2 号探测器上的金唱片,飞出太阳系。这首曾经由春秋时代著名琴家伯牙的弹奏而与钟子期结为知音好友的古曲,又带着探寻地球以外天体"人类"的使命,到茫茫宇宙寻求新的"知音"。

第三篇

艺术与无华

本篇探索艺术家们在辉煌成就的背后,对人间冷暖的体悟与真善美的追求,启发当代家庭教育如何汲取这一份能量,将平凡的人生谱写出新的华章。

第一章

血脉相连

艺术家在明晰一生的追求前并不知道自己会成为艺术家。家庭教育的意义在于,为这些独具天分又异常敏感的孩子开拓方向,建立起一种信任与陪伴的知音关系。

父爱如山:傅雷家书对傅聪的影响

📖 人物介绍

傅聪(1934—2020),生于上海。英籍华裔钢琴家。1953 年,在第四届世界与友谊联欢节中获钢琴比赛第三名,受邀赴东欧各国演出。1955 年,获第五届肖邦国际钢琴大赛第三名以及"玛祖卡"最佳演奏奖。1959 年,在伦敦皇家节日大厅,与指挥家朱力尼合作演出。1982 年 12 月,受聘担任中央音乐学院钢琴系兼职教授。1983 年,被香港大学授予荣誉博士学位。1985 年,担任肖邦国际钢琴大赛评委。1998 年,参加第一届北京国际音乐节,在北京世纪剧院举办音乐会。2001 年 2 月,在新加坡举行钢琴独奏音乐会;同年,在北京保利剧院举办独奏音乐会;与香港小交响乐团合作举办音乐会。2006 年,在上海音乐学院第三届(莫扎特)国际钢琴大师班上举办讲座。2008 年,在杭州举行"纪念傅雷诞辰 100 周年钢琴独奏音乐会"。2009 年 10 月,在台北音乐厅举办"海顿钢琴独奏会"。2010 年,参加中国国家大剧院举办的"肖邦诞辰 200 周年"系列音乐会;同年,担任第十六届肖邦国际钢琴大赛评委;同年,担任伊丽莎白女王国际钢琴比赛的评委。2011 年 11 月,在北京中山公园音乐堂举办独奏音乐会。2012 年 4 月,在台湾音乐厅举办独奏音乐会;同年,在台湾师范大学举办大师班。2014 年 5 月,在杭州大剧院举行独奏音乐会;同年,在武汉琴台大剧院音乐厅举办音乐会。2020 年 12 月 28 日,傅聪在英国逝世,享年86 岁。

武侠泰斗金庸生前接受采访,谈及内地作家及其代表作品,他曾高度评价《傅雷家书》:"傅雷先生的家书,是一位真正的君子,教他的孩子如何做一个君子。"

自 1954 年始,傅雷用时 12 年,向远在波兰的大儿子傅聪寄出了几百封书信。

　　亲爱的孩子，你走后第二天，就想写信，怕你嫌烦，也就罢了。可是没一天不想着你，每天清早六七点就醒，翻来覆去的睡不着，也说不出为什么。好像克利斯朵夫的母亲独自守在家里，想起孩子童年一幕幕的形象一样；我和你妈妈老是想着你二三岁到六七岁间的小故事——这一类的话我们不知有多少可以和你说，可是不敢说，你这个年纪是一切向前的，不愿意回顾的；我们啰里啰嗦的抖出你尿布时代与一把鼻涕一把眼泪时代的往事，会引起你的憎厌。孩子，这些我都很懂得，妈妈也懂得。只是你的一切终身会印在我们脑海中，随时随地会浮起来，像一幅幅的小品图画，使我们又快乐又惆怅。

　　真的，你这次在家一个半月，是我们一生最愉快的时期；这幸福不知应当向谁感谢，即使我没宗教信仰，至此也不由得要谢谢上帝了！我高兴的是我又多了一个朋友；儿子变了朋友，世界上有什么事可以和这种幸福相比的！尽管将来你我之间离多别少，但我精神上至少是温暖的，不孤独的。我相信我一定会做到不太落伍，不太冬烘，不至于惹你厌烦。也希望你不要以为我在高峰的顶尖上所想的，所见到的，比你们的不真实。年纪大的人终是往更远的前途看，许多事你们一时觉得我看得不对，日子久了，现实却给你证明我并没大错。

　　孩子，我从你身上得到的教训，恐怕不比你从我得到的少。尤其是近三年来,你不知使我对人生多增了几许深刻的体验,我从与你相处的过程中学到了忍耐,学到了说话的技巧,学到了把感情升华!

你走后第二天,妈妈哭了,眼睛肿了两天:这叫做悲喜交集的眼泪。我们可以不用怕羞的这样告诉你,也可以不担心你憎厌而这样告诉你。人毕竟是感情的动物。偶然流露也不是可耻的事。何况母亲的眼泪永远是圣洁的,慈爱的!

——《傅雷家书》节选

书信内容范围之广泛,包含艺术、理想、家常等诸多类目,满溢着父子之间的亲密和关爱。然而,这其中有一封信,在一片温馨祥和中,显得尤为特殊:

"孩子,我虐待了你,我永远对不起你,永远补赎不了这种罪过!"

这是来自一位父亲对儿子的忏悔,画面感极强。我们甚至可以透过这短短几行字,看到数十年前傅雷先生落笔之后,用颤抖的双手掩面而泣的场景。为什么他会发出这样的忏悔?被奉为育儿宝典的《傅雷家书》又是否值得我们效仿呢?

作为著名的翻译家,傅雷可谓把一生都献给了文学艺术。有生之年,他始终步履不停地为人们搭建中国文学和法国文学的桥梁，翻译了包括巴尔扎克、罗曼·罗兰等作家的作品在内的众多经典名著，就连法国人都说："傅雷翻译的作品，甚至比原著还要传神。"而这样的辉煌成就背后，作为家人却有着不一样的感受。

据傅聪回忆，在他还只有 5 岁时，放学后端坐学写字，傅雷在一旁吃花生，互相并无干扰。

谁知，傅雷突然毫无缘由地暴怒，猛地站起身来，抄起蚊香盒子，朝傅聪砸去。回忆起当时的场景，傅聪本人描述：

"父亲击中了我的鼻梁，顿时血流如注，还留下了伤疤。"

对于儿子的特长的培养，傅雷采用的方式也略显极端。傅聪从小就表现出了在音乐方面的非凡天赋，自他懂事起，傅雷便极力培养他学钢琴。学琴入门之后，傅雷花大价钱请来著名钢琴家梅百器，到家中手把手教学。

不仅如此，他还规定傅聪每天必须练琴满 8 小时，稍有懈怠，便严加责罚。为了将傅聪培养成才，傅雷对他要求极为严格。平日练琴，一旦傅聪出现什么差错，傅雷就直接惩罚。不仅如此，在傅雷家中还有一套严格的家规，对吃饭、说话、餐桌礼仪进行了严格的规范。就是在这种严苛要求的家庭环境下，傅聪、傅敏兄弟俩度过了他们的童年。而小儿子傅敏，同样喜欢音乐，渴望成为小提琴家却被父亲阻止，走上了"子承父业"的外语道路。

长大后，傅聪远赴波兰留学，傅敏考入北京外国语学院，各自有了相对独立的生活环境。傅聪本以为，就此便可以自立门户,相对摆脱家庭的束缚,可父亲的几百封家书,却再次将傅雷对子女的控制欲,展现得淋漓尽致。

傅聪曾在接受采访时说:"父亲寄的家信,我不爱读,是嫌烦的。"——这与世人称颂的父子情深大相径庭,甚至在后来的事件中,傅聪也没有选择回国探望,被世人诟病。但如果我们了解傅雷与傅聪真实的父子相处模式,或许我们会理解傅聪的人生选择。

这些书信,与其说是傅聪需要,不如说是傅雷需要。人到了中年,回想起自己的过往,傅雷幡然醒悟,他曾在书中写道:"可怜我过了 45 岁,父性才真正觉醒。只可惜此时,两个孩子都已经长大成人,再想弥补,为时晚矣。"于是他孜孜不倦将理想的"父爱"传递出去,让每一个看的人都为之动容,却将孩子越推越远。

其实,与他才华横溢的文学成就相冲突的,是傅雷性格的偏执,这和他的原生家庭不无关系。

傅雷年幼时,家道中落,为了振兴家业,母亲对他的要求,同样极为严苛。母亲要求傅雷,每天除了吃饭睡觉之外的时间,只能用来学习。而且,一旦傅雷不认真,母亲就用热蜡油烫他,用戒尺抽他,手段比后来的傅雷本人更甚。可悲的是,曾经遭受过这样对待的傅雷,却没有吸取经验教训,反而把自身遭遇过的痛苦,不知不觉施加给了自己的两个儿子,心理学称之为"同化"。如今看来,这样的心理状态,和当时国家与社会的环境有着极大的关联,"吃得苦中苦、方为人上人"的坚毅秉性，长期影响着士、农、工、商不同行业的人们，即使是在人口众多、竞争激烈的今天，仍有大量的家长信奉这条真理。从某种角度看，也正是这种精神，帮助傅雷在那个师资匮乏、交通不便的时代，培养出一个在国际上崭露头角的钢琴巨星。

不可否认，傅雷在培养傅聪的教育成果上是卓有成效的，但同时，在新的价值观影响下，有很多人认为，傅雷家书所传递的亲子教育"典范"，与事实上傅聪对亲人和国家的爱与责任的匮乏，形成了鲜明的对比。甚至有人认为，从亲子关系、社会责任等角度，这个案例属于失败案例，不值得再作推广。

笔者却认为这个案例需要被记录并研究，因为傅雷所表现的"父爱如山"，恰恰在今天都是普遍存在的，虽然手法轻重不同，在孩子需要关爱的时候施以冷漠与严苛，却在孩子长大成人后以爱为名百般关照甚至干涉，这样的情况比比皆是，因此，更值得我们警醒与深思。

过于注重学习目标和成果的家庭，很容易在孩子幼年情感培养的关键期冲淡血脉亲情。因为在孩子的理解中，家庭的荣誉、个人的成功是家庭核心成员最在意的，比家人的感受更重要。久而久之，不能重视亲缘关系的孩子，自然也很难对家有信念。这类家长在教育过程中自然而然地把个人成功、社会地位看得更为重要，不仅要求子女辛苦求取，更愿意为子女承担更多的苦愁，不愿意在子女面前展示自己挫败的样子，在亲子关系中控制与依恋并存，却总是拒绝孩子的尽孝与回报，最终也很难获得内心所渴望的孝顺与亲情。

有人说,父母的教育理念是否实践成功,应当看他们老了以后子女如何对待他们。这是一句很朴素的话,也揭露了当今社会看待家庭教育的新维度——亲缘关系是否融洽。

著名法学专家罗翔曾说,爱永远不是一种空想,而是实施到具体的、平凡的人,忍耐他们的缺点,共同经历喜、怒、哀、乐。

其实,作为父母,我们不必高高在上完美无缺,也不必学富五车绝对权威,我们成为不了孩子的铠甲,却可以教会孩子躲避风险,我们不也不必永远撑伞,应赋予他们笑对风雨的勇气。

亲子关系是养育,更是生命平等的对答,父母的能量不仅要输送给孩子,更要让孩子有回馈的能力,当代家庭教育的核心已经从教会孩子竞争与生存得更好,逐渐转变为教会孩子与他人相处,包括至亲、至爱、朋友、老师、同事、敌人,教会他们珍爱自己也关爱他人。

2020年12月28日,傅聪在英国去世,享年86岁。他一生经历3段婚姻,育有2个儿子,似乎一直在寻求如何和至亲相处的方法,所幸他有音乐,也因为音乐艺术桃李满园,并不孤独。

深厚家学下的佛系母亲：贝聿铭的坚韧灵性

📖 人物介绍

贝聿铭(Leoh Ming Pei，1917—2019)，出生于广东广州，原籍浙江兰溪，祖籍江苏苏州。美籍华人建筑师，美国艺术与科学院院士，中国工程院外籍院士。

贝聿铭于马萨诸塞理工学院毕业；1944 年入读于哈佛大学，攻读硕士学位；1945 年任哈佛大学设计研究所助理教授；1948 年获得哈佛大学建筑学硕士学位；1967 年当选为美国艺术与科学院院士；1996 年当选为中国工程院外籍院士。代表作品：美国国家美术馆东馆、肯尼迪图书馆、法国卢浮宫改建、香港中国银行大厦、苏州博物馆(浙馆)等。2019 年 5 月 16 日在美国纽约逝世，享年102 岁。

古人云：君子之泽，五世而斩，富贵传家，不过三代。

从明代起，贝氏家族就是苏州有名的富户，在清乾隆年间，更是位居苏州四富之一，是富裕 15 代传承 15 代的中国名门，其家族在医药、金融、建筑多个领域独领风骚。世界文化遗产苏州狮子林，曾是贝氏家族的私家园林。

祖父贝理泰，20岁便成为苏州府学贡生，即将走上仕途时，由于其父去世，贝理泰只得放弃事业，挑起家庭的重担，打理父亲留下的大批产业，成为远近闻名的金融才子，参与创办了上海银行，并协助创办中国第一家新型旅行社——中国旅行社。父亲贝祖诒承袭家业，青出于蓝而胜于蓝，曾任中华民国中央银行总裁，同时还是中国银行的创始人之一。

贝聿铭在广东出生，被家人叫作"广东宝宝"，在上海和苏州长大。贝聿铭的孩提时代，就是在美丽的东方园林中度过的，他享受着贵公子所能拥有的一切。他在西式的学校上学，在家里沐浴儒家文化。贝聿铭的母亲，是清朝最后一任国子监祭酒的女儿庄氏，擅吹笛子，虔心向佛。贝聿铭一边在上海剧院吃着巧克力看好莱坞电影，一边跟母亲学习禅定、念经。晚年的贝聿铭接受采访时说，母亲那种淡然幽静的状态，让他学会了，每临大事需以静制动。这样中西方结合的教育环境使他能够自如地游走于多重文化之中。

贝聿铭13岁时，他温柔又充满艺术气息的母亲去世了，父亲给他和3个兄妹带来新的母亲。没多久，几个孩子随年迈的老祖父回苏州，他们就在狮子林里长大。贝聿铭18岁时登上前往美国加州的船，就再也没有回来，一直到花甲之年，才带着一家六口与上百人的贝式家族团聚。

而他从家族中获益最多的，并非产业与人脉，而是良好的教育资源。清末民初西风东渐，有远见卓识的父亲不再把自己的孩子拘禁在四书五经的藩篱里，而是要让他们看到更广阔的世界。因此在贝聿铭 10 岁那年，在父亲的安排下就读上海著名的青年会中学，毕业之后顺利进入大名鼎鼎的圣约翰大学附属中学。彼时的上海是中国看世界的一个重要窗口。少年时代的这段求学经历，让他接触到西方的思想和观念，对其一生产生了不可磨灭的影响。

当年，由于他的祖父与父亲在中国的金融圈的地位，及其掌握的大量资源与人脉，整个家族都希望品学兼优的贝聿铭能够继续在金融领域里发展。结果，谁也没想到，贝聿铭选择了建筑行业。

1935 年，18 岁的贝聿铭远赴美国宾夕法尼亚州大学攻读建筑学，和另一位中国建筑大师梁思成成了校友。

和有些豪门大族骄奢淫逸、放纵子弟不同，贝氏家族注重家风，家教不仅严格，更能兼容中西文化的精髓。贝聿铭父亲贝祖诒信奉"以产遗子孙，不如以德遗子孙，以独有之产遗子孙，不如以公有之产遗子孙"的教育理念。这也正是贝氏家族能够传承延绵至今的教育密码。这个观念也被贝聿铭所用，影响后辈。

贝聿铭与同样出身名门望族的卢爱玲（原名卢淑华）结婚，卢爱玲温柔有魅力，她从不在乎穿什么衣服、背什么名牌包，眼眸里却总是折射出优雅与知性。他们共育有三子一女，分别起名定中、建中、礼中和贝莲。4 个孩子，全都在英语环境中长大，但教育方式上更接近传统的贝氏家族，非常重视中国传统历史文化的学习。当初贝聿铭的祖父卓有远见看到欧美的强大,让他学英文振兴家国;如今贝聿铭深刻见证祖国的强大,让孩子一定学好中文,才能在全球化进程中站稳根基。

贝礼中称父亲太有名了:

> "我十来岁看到父亲设计的建筑,就有一种非常自豪的感觉;在高中时,父亲成了报纸上猜词游戏中的人物;特别是在肯尼迪图书馆项目完工后,当时我还在寄宿学校,突然发现父亲上了每张报纸的头版,学校里每个人都知道他是我父亲。"

贝建中称母亲犹如灯塔:

> "父亲在外劳碌,母亲与我们很亲密,关于教养、与他人相处、看待这个世界的第一课,都是她教的。她的影响,日复一日地渗透进我们的生命。"

关于学业,贝聿铭夫妇的教育理念是让他们自己做主,这种信任带来的"无形压力"推使孩子们自发向上。

> "我们暗自都卯足了劲,尽全力实现父母的期许。但压力不是来自家庭,而是来自我们自己。"

在这样的教育环境下,贝聿铭的 3 个儿子全都毕业于哈佛大学,从事建筑设计工作,女儿贝莲毕业于哥伦比亚大学法律系,他们都在各自擅长的领域里大展宏图。

2017 年 3 月 31 日,99 岁的贝聿铭获得影响世界华人终身成就大奖。他写下这样一段感言:

> "我非常荣幸能够获得这个奖项,建筑无国界,它给世界带来了美丽,今天在中国大家还能够记得我,我感到非常高兴!"

他用建筑,让中西文化相融相交,他用东方的诗情画意让西方的建筑人格化,也用先进的理念与技术,开拓了传统文化创新发展的维度。

有人总结贝先生的一生成就:见自己、见天地、见众生。

"见自己":建筑师要坚持自己,如果不成功那么就再试一次。认识自己,未来的一切也就有了方向。

"见天地":装得下委屈,攀得上高峰。创业,是对自己舒适区的挑战,勇敢可以促使我们看到更大的世界,也可能让我们经历至暗时刻。

"见众生":任何艺术的终点都是人与人的交流、文明与文明的交流,隐去个人的功利心,才能牢牢抓住艺术和文化的灵魂。

这三点总结,恰如其分地诠释了教育的三个内核:自我认知、人格成长与融合发展。

哪怕是像贝聿铭这样出身优渥的大师，一生中都要无数次站在十字路口，抵御来自各个国家不同人群的质疑。面对这些，早期教育沉淀下来的人格力量，如同气功一般打通我们闭塞的经脉，帮助我们有力地去回应，克服种种困难坚定不移地走下去。

第二章

启智开蒙

受益于良好家庭教育的艺术大师,用更广博的爱与知识回馈给千万家庭,从为家庭培养传人,到为国家培养接班人,建立起代代相传的艺术谱系。

坚净一生: 启功承上启下的艺术教育理念

📖 人物介绍

启功(1912—2005),自称"姓启名功",字元伯,亦作元白,笔名元佰、少文,号苑北居士,满族,生于北京,雍正皇帝的第九代孙。中国书画家、书画鉴定家、学者。曾任北京师范大学副教授、教授,中国人民政治协商会议全国委员会常务委员,国家文物鉴定委员会主任委员,中央文史研究馆馆长,九三学社顾问,中国书法家协会主席,中国美术家协会会员,世界华人书画家联合会创会主席,中国佛教协会、故宫博物院、国家博物馆顾问,西泠印社社长。

启功是清雍正帝第九代孙,自称"姓启名功"。说启功不姓"爱新觉罗",因"觉罗"是语尾,不是姓,是后人改加而成,并带有宗室意思,在清朝灭亡之后,强调"觉罗"毫无意义。说启功不姓"金",因满语"爱新",是汉语"金"的意思,有些"爱新"氏在民族融合的过程中,早早改姓"金",但启功这支一直没改。

清朝灭亡后,按照袁世凯清室优待条件,所有"爱新"氏都改姓"金",但启功先生家上上下下都十分痛恨袁世凯不讲信誉。启功祖父毓隆在临终前有遗嘱,其一就是"你绝不许姓'金',你要是姓了'金'就不是我的孙子",启功谨记遗命,不能违背祖训。启功祖辈,皆能翰墨丹青,他也传承家学,不负盛名。

启功的老师,涉及学科很多,学习古典文学,先生受教于戴姜福先生;学习书画技法,受教于贾羲民、沈尹默、溥雪斋、溥心畬、吴镜汀;学习教学方法、论文写作,受教于陈垣。有些门类又是交融学习的,如鉴定一门,启功在贾羲民、陈垣等先生的教导下,深入研究;傅增湘、袁励准、张玮,则是启功的前辈;容庚、张大千、王雪涛,与启功情在师友之间;台静农、董寿平、溥松窗、张珩等,与启功是朋友。启功有如此全面的学问,家庭的传承是首要的。他出生在文化家庭,曾祖溥良选戴姜福为拔贡入京考试,傅增湘是其门生;祖父毓隆与陈垣叔父陈简墀是同年翰林;曾祖溥良为光绪六年(1880)进士,祖父毓隆为光绪二十年(1894)进士,袁励准、傅增湘同为光绪二十四年(1898)进士;溥心畬母亲是启功祖母的亲姐姐,心畬是启功的表叔;启功三外祖克在溥雪斋诚父载瀛府教家馆,启功亦在雪老家给其子女授课,可以说有世交,有姻亲。这为启功的学习提供了极为便利的条件,加之启功有超常的文学艺术才华,刻苦努力,所以在各方面取得了卓越的成就。

在这样特殊的家庭中成长,启功还有一个绝活,就是"品鉴"。古代书画、古籍碑帖鉴定一事,启功最为用功。启功具有一般鉴家所没有的条件,即能书,善画和深厚的古典文献、文学功底,于鉴定一事,这三者缺一不可,且并不经营书画买卖,其鉴定意见是极为中肯的。启功的鉴定学养,受教于贾羲民、陈垣诸前辈,又与徐石雪、傅增湘、张伯英、张玮、张珩、苏惕甫、李孟冬、徐邦达诸老研讨,加之他天资超群,故可明察秋毫,真伪立断。1947 年 5 月,启功 35 岁之时,由沈兼士前辈引荐,受聘为故宫博物院专门委员,负责古书画鉴定工作。能与诸老深入学习交流,是启功最为得意之事。先后作《〈急就章〉传本考》《〈平复帖〉说并释文》《〈兰亭帖〉考》《唐摹万岁通天帖考》诸文。《平复》一帖之释文,难度极大,尽显鉴定之功。

1986 年,启功被任命为国家文物鉴定委员会主任委员,主持文物鉴定工作,《中国古代书画图目》的出版,他从中协调,功不可没。于国家收购文物,启功在真伪、优劣皆公平判断,不加私心。如裴景福藏所谓赵子固《落水兰亭》,启功的鉴定意见起了国家文物收购资金守护神的作用,以致国家资金没有浪费。于友人索求书画碑帖题跋一事,启功都是立鉴立跋,真伪了然于胸,然于不利之说,为考虑友人之感受,皆委婉言出,内眼人方知他良苦用心。启功自藏古代书画作品,是为提高自己艺术造诣所购,未从经济方面考虑,多未加跋语。所作《鉴定书画二三例》《书画鉴定三议》,是鉴定之学的经验之谈。

无论诗词、书画、品鉴如何出彩,启功始终以此为乐,而不以此为生。在他心目中,真正称得上"正事""事业"的,唯有教书育人。

启功在名片上只印着"北京师范大学　启功"。先生常说自己的正业是教师,其他都是副业。从 1933 年 9 月 21 岁进入辅仁附中教书,直至 93 岁去世,长达 72 年,他从未离开过教师的岗位。

教书育人,首先是要有深厚的传统功底。启功自幼在祖父、姑姑的严格要求下学习,祖父教授其吟诵诗词。启功读过旧式私塾,十六七始受教于吴县戴绥,戴老师学问非常全面,除古典文学之外,音韵学、地理学、文字学都很高明。启功下午 4 点跑到礼士胡同曹君直家随戴老师学古文,习读《古文辞类纂》《文选》《五经》《二十二子》等,打下良好的古文基础。启功后在北京师范大学主授古典文学,而教授这些课的基础恰是那些年随戴老师学习夯实的。

1933 年 9 月,启功在陈援庵提携下,在辅仁附中担任初中国文教师。1935 年 7 月,启功在辅仁大学美术系担任助教,教授"书学概论""书法实习""中国绘画史""书画题跋"课程。1938 年 9 月,启功进入辅仁大学国文系,教授"普通国文""中国文学史""中国美术史""历代韵文选""历代散文选"课程。1945 年启功评为副教授;1956 年评为教授;1948 年起,在北京大学兼任讲师、副教授。

改革开放以后,启功迎来了教学新高峰,教授"唐代文学""历代韵文选""唐宋词""八股文""古诗词作法""明清诗文""书目答问""诗词格律""中国学术史""文史典籍整理"。1978 年,启功开始招收中国古代文学专业硕士研究生。1982 年 9 月,在中文系创立中国古典文献学专业硕士点。1984 年秋,该专业点被国务院批准为博士点,启功被聘为博士生导师。1989 年 4 月 2 日,启功任中央文史馆副馆长;1999 年 11 月 1 日,任中央文史馆馆长。

启功在教学之余,从事古典文学、诗词的研究工作:20 世纪 50 年代初期,参与《敦煌变文集》的编辑、校定工作,这需要古文献与佛学功底相结合,正是启功所长。启功作为一位年轻学者,得到王重民前辈的尊重和信任,在文集完成中所起作用不可小觑。1952 年,经俞平伯推荐,启功为人民文学出版社出版程乙本《红楼梦》作注,这是中华人民共和国成立后第一部注释本《红楼梦》,由于启功对满族历史文化、风俗掌故比较熟悉,因此被认为是最合适的人选。同样的原因,20 世纪 70 年代点校《清史稿》,著《古代字体论稿》《诗文声律论稿》《汉语现象论丛》《启功三语集》等。这些著作超越前人,可见启功深厚的传统文化学养。

除此之外,启功在教师工作岗位上,有几件事需要后人铭记:其一,1984 年,北京师范大学校长王梓坤院士倡议建立教师节,启功是主要附议者之一。次年,全国人大通过决议,确定每年 9 月 10 日为教师节。其二,1991 年 11 月 27 日,启功以自己的书画义卖所得款项人民币 1 631 692 元,设立以陈垣命名的"励耘奖学助学基金",用以奖励品学优异的学生和教师。其三,1997 年,国家教委和国务院学位委员会拟将中国古典文献学学科归入中国古代文学学科,启功上书相关部门,终使该学科得以保存。其四,1997 年 7 月 29 日,启功为北京师范大学拟定"学为人师、行为世范"校训,成为教师行业准则。

启功和妻子章宝琛,从封建社会的包办婚姻一路走来,携手度过了风云变幻的大时代,始终相敬如宾、相濡以沫,却无子女。启功对发妻情深意重,章宝琛逝世后坚决不再娶,独自生活,百年之后与妻合葬。启功一生把学生当作自己的孩子,把传承国学作为终生事业,一生践行"学为人师,行为世范"。

随父而行：西学东渐中的近代音乐学府领袖萧友梅

📖 **人物介绍**

　　萧友梅（1884—1940），字思鹤，又名雪朋，广东香山（今中山）人。中国首位音乐博士，上海音乐学院创始人之一、作曲家、教育家、音乐理论家，是中国现代专业音乐教育的开拓者与奠基者，被誉为"中国现代音乐之父"。5岁随父移居澳门，1901年留学日本，毕业于东京帝国大学（今东京大学）文科，并在东京音乐学校学习音乐。1906年加入同盟会，1912年被任命为南京临时政府总统府秘书。后赴德国莱比锡音乐学院和莱比锡大学学习，获音乐博士学位。1920年回国，在北京任教。1927年与蔡元培等人创办国立音乐院，并主持校政。一生著作甚多，有近百首声、器乐作品及70余种音乐论著。

　　20世纪初的中国，内忧外患，民不聊生。积贫积弱之际，有的人志在用实业救国，比如张謇；有的人致力于在改革国家制度中谋出路，比如孙中山；也有人从精神之美的角度试图改变国家命运,比如走音乐救国之路的萧友梅。

萧友梅开创了中国近现代音乐史上若干个"第一":在日本留学期间发表《音乐概说》一文,第一次向中国学子介绍西洋音乐通论,为国人的现代音乐启蒙起到了相当重要的作用;创作了第一部室内乐作品;已知作曲家创作的第一首军乐作品;第一首中国人创作的大提琴协奏曲和中国第一首大提琴曲(目前被发现最早的中国人创作的管弦乐作品);促成了中国第一个正式的音乐教育机构——北京大学音乐传习所的成立;促成成立并领导中国第一所高等音乐学府——国立音乐院。

然而,就是这样一位对中国近现代音乐教育发挥着重要推动作用的音乐家、音乐教育家,谁又能想到,在追梦路上,他同时承受着来自家庭和时代风云的双重挑战呢?

萧友梅,字思鹤,号雪朋,1884 年 1 月 7 日诞生在中山石岐的一个书香家庭,其父亲萧煜增是清末秀才。1889 年,萧友梅随家人移居澳门。当时萧友梅的近邻是一位葡萄牙神甫,他常在家里弹奏风琴,激发了萧友梅对音乐的爱好。基于传统思想,他的家人或师友,都寄希望于他能够走仕途道路,求取功名,萧友梅则以强烈的叛逆精神表达对仕途的抗拒。1901 年,萧友梅自费留学日本,入东京高等师范附中,并不顾家庭的阻挠与反对,在东京音乐学校选修钢琴及声乐,实现他童年时要学习音乐的愿望。

1906 年,萧友梅考取了广东省的官费留学生,进入东京帝国大学(今东京大学)哲学科攻读教育学,并继续在东京音乐学校学习钢琴,直到 1909 年夏天从东京帝国大学与东京音乐学校毕业。在日本的 8 年,萧友梅专心致力于学业,终日勤奋不辍,分秒必争,并追随孙中山加入中国同盟会。自此,音乐几乎成了他全部的理想并占满了他的时间,他由此展开了用音乐拯救民族的创新之路。

1912 年元旦,孙中山就任中华民国临时政府大总统。萧友梅奉召去了南京,被孙中山委任为总统府秘书。同年袁世凯篡夺了革命胜利果实后,萧友梅不愿与袁世凯为伍,于 10 月再次出国深造,进入德国莱比锡音乐学院攻读理论与作曲,同时在莱比锡大学攻读哲学与教育学。1916 年,他以长篇论文《17 世纪以前中国管弦乐队的历史的研究》获哲学博士学位,同年 10 月入柏林大学选修教育学、音乐美学等课程。萧友梅在德国接受了 7 年严格的传统音乐教育,德国音乐家严谨的治学方法和认真的工作态度,对萧友梅日后的工作与生活都有着深远的影响。

在积贫积弱的时代,现代科学文化备受推崇,音乐却始终被压在很低的位置。很难想象在这样的背景下,一位 28 岁的青年人抱定决心赴德国留学主攻音乐专业,而且一去就是 7 年,直到拿下博士学位。期间,他用德文撰写了博士论文《中国乐队史至清初止》,以西欧音乐的视角解释中国乐队,在西方学界引起了极大震动。

归国后,萧友梅结合自己在日本和德国的留学经验,总结出"只有成立音乐学院,才可培养更多的音乐教育师资,提高音乐教育水平,进而使中国现代教育体系真正完善"。基于此,他发扬着"屡败屡战"的精神,一次次向政府呼吁成立音乐学院,显得很不识时务。所幸,在当时的教育界,北京大学校长蔡元培充分认识到美育对于人的化育作用,并提出了"以美育代宗教"的重要演说。在这一主导思想的支撑下,一批来自书法、绘画、音乐等领域的知识分子才得以施展抱负。

这其中,以萧友梅为首的音乐教育之路的开辟显得尤为艰难。尽管有蔡元培的大力支持,他得以接替蔡元培担任北大音乐研究会会长,并提出把研究会变成音乐学院的构想,但由于想法过于超前被北大评议院否定。最终,这一提议被降级为可以独立招生、地位仅相当于一个系的音乐传习所。受世风影响,人们不知道学音乐以后能干什么,故传习所未能如愿招到生源。

那时,音乐专业在高等学府里不受重视,有的与美术合在一起称为图音系,有的与体育合在一起称为音体系,有的则更是大杂烩,称为图工操唱。后来经过萧友梅的努力,北京女子高等师范学校的音体科终于两科分立,音乐科得到应有的重视。之后,北京的一些大专院校也先后设立了音乐系或音乐科。在萧友梅的推动下,中国音乐教育事业初具规模,揭开了中国现代专业音乐教育的序幕。

在萧友梅不遗余力的推动下,北大音乐传习所成立了中国第一支基本由国人组成、国人指挥的管弦乐队,旨在让中国群众领略到西洋音乐之美。萧友梅创作了大量原创歌曲,其中就有最具人文精神的、至今仍作为声乐专业入门歌曲的《问》。

1920 年代，战乱频频。北大音乐传习所创办 5 年后被迫停办。萧友梅凭借超乎想象的毅力和决心，争取到蔡元培的进一步支持，从筹款到招聘教师，从找校舍到登报招生，事必躬亲。1927 年年末，在战争硝烟下，萧友梅于上海创办了中国第一所独立的高等音乐教育机构——国立音乐学院。这也是先于日本创办的亚洲第一的音乐学院，也就是今天的上海音乐学院。

截至 2023 年，中国已有 11 所专业音乐学院，它们是中央音乐学院、上海音乐学院、中国音乐学院、四川音乐学院、武汉音乐学院、天津音乐学院、星海音乐学院、西安音乐学院、沈阳音乐学院、浙江音乐学院、哈尔滨音乐学院。另有 30 所大学设有附属音乐学院。这些音乐学院每年培养学生数以万计。近百年里，中国音乐教育事业发生了翻天覆地的变化，而其发轫就在国立音乐学院。

萧友梅的爱国情怀不曾挂在嘴上，不曾诉诸文字，而是落实于哪怕"进一步，退半步"也绝不放弃的努力。九一八事变后，萧友梅迅速创作了抗日歌曲二部合唱《从军歌》，并带动和鼓励再次被降格为国立音专的师生们创作一批爱国歌曲。在长期的战乱中，经费无着，朝不保夕，萧友梅不得不多次带领全校师生辗转搬家，但始终坚持严进严出的原则，且保留着于炮声中举办开学典礼的庄严。他还编撰出版了很多面向大众的普及音乐的书籍。种种努力，其根本用意就在于用音乐作为工具或者武器来提振国人精神。

　　萧友梅在音乐创作和音乐学方面也有显著成绩,为后人留下了百余首声乐作品及 80 余篇音乐论著。他还是中国现代第一首室内乐、第一首管弦乐和第一首铜管乐的作者,是中国跨越业余作曲进入专业音乐创作的第一人。他谱写的《五四纪念爱国歌》《国耻》《国难歌》《从军歌》《春江花月夜》《问》《秋思》等名篇,曾广为流传,在现代音乐史上有着重要地位。他还编撰了中国第一部实际应用于音乐教学的西洋音乐史教材《近世西洋音乐史纲》和中国音乐史教材《旧乐沿革》,撰写了中国第一份介绍欧美音乐教育机构的调查报告。他还是中国第一位用比较的方法对中西音乐进行研究的音乐学者。

　　萧友梅是中国专业音乐教育的奠基者、专业音乐创作的先行者、音乐理论研究的探索者。在先后长达 20 年的音乐教育工作中,为中国培养了一大批音乐专门人才。他是人民音乐家冼星海的音乐老师,音乐家贺绿汀、刘雪庵等是他的高足,他为中国音乐教育事业呕心沥血、劳累一生,最终积劳成疾,于 1940 年 12 月 31 日病逝于上海体仁医院,享年 56 岁。音专师生为他们爱戴的校长进行了"校葬",墓碑上书"国立音乐专科学校校长萧友梅博士之墓"。那时,他的一双儿女都还不到 5 岁。但因为父亲播下的种子,萧勤成为贯通中西的抽象艺术大师,2018 年上海中华艺术宫举办的萧勤在中国大陆的个展"回家",他用充满东方禅意与西方现代艺术手法相融合的作品,致敬给予他生命与精神的父亲。

　　如果用当代家庭教育理念来评论,作为中国近现代音乐之父的萧友梅于"小家"是极不称职的父亲,既没有优渥的物质条件,更没有时间照料教育,但他用他的生命,对时代、对民族、对历史起到了推进的作用,无数音乐学子受他"和、毅、庄、诚"的教育理念成长、成才、成名,为中国音乐教育屹立于世界做出了卓越的贡献。

石匠之子:开中国美术学院的林风眠

📖 人物介绍

　　林风眠(1900—1991),本名绍琼、剑生,后易名凤鸣,又名风眠,广东嘉应(今梅州)人。中国画家、美术教育家。其主要绘画作品有《鹭》《柏林之醉》《暴风雨后》《摸索》等,主要著作有《中国绘画新论》《林风眠画集》等。林风眠于1920年入读于法国第戎美术学院,后转入巴黎美术学院,并在巴黎各大博物馆研习美术;1925年,任国立北京艺术专门学校校长、教务长、西画系主任;中华人民共和国成立后曾任中国文学艺术界联合会全国委员会委员,中国美术家协会常务理事,中国美术家协会上海分会副主席、主席等职。

作为中国现代美术教育的重要奠基人之一,林风眠坚持的兼容并蓄的学术思想成为中国美院始终坚持的学术脉络；他开创的融合中西的艺术道路，创造了中国艺术教育史上的重要篇章，培养了吴冠中、赵无极、朱德群等一代蜚声中外的杰出艺术大师。也正是一生"为艺术而战"的精神，源自童年客家的文化浸润，帮助他抵御住了一生的困苦孤独。

林风眠出生于广东省粤东客家梅州市西阳白公镇阁官岭的一个小山村。祖父家传为石匠，能书画。其母阙阿带出身贫寒，既有少数民族的血统，又有客家人的勤劳，命运悲苦。与许多客家孩子一样，林风眠少时起便接受启蒙教育。重文是客家人的传统，在国学氛围的熏陶下，小风眠在 8 到 10 岁的时光里学习了《三字经》《千字文》《百家姓》《鉴略》等传统启蒙读物。这些启蒙为他在艺术欣赏与创作上打下了坚实的文字与文学基础。也许是一种特殊的机缘，林风眠 8 岁便临描《芥子园画谱》，15 岁考入梅州中学。师从当地颇有名望的梁伯聪。梁伯聪擅长传统绘画与书法。林风眠很快得到老师的赏识。林风眠不仅喜欢画画，而且喜欢文学，他与后来的知名艺术家林文铮是同学，两个人还一起组织了"探骊诗社"。

林风眠童年的心路历程，深深地影响了他人生的艺术之思。客家人崇尚教育，以耕读承艺为传家之本。有靠挑担、打炭脚把所得有限的工钱供孩子上学的，"讨食也要缴子女读书"。抑或学得一门技艺，作为谋生的手段。这种古训与传统，客家人十分珍视。林风眠的《抒情·传神及其他》，回忆了儿时在家乡梅县小山村受大自然陶冶的情景。他对屋前屋后、山上的一草一木都是非常熟悉的。栗子什么时候开花、桃树什么时候结籽、燕子何时筑巢、布谷鸟何时鸣叫……甚至山间的小溪,小河里的一块石头,他都是熟悉而喜爱的。这些情形总是那么充满童趣:在小河里捉鱼,在树林中掏鸟蛋,养一些小八哥,甚至上山砍柴、打猪草等,不一而足。林风眠说:"我就习惯于接近自然,树木、崖石、河水纵然不会说话,但我总离不开它们,可以说对它们很有感情。"这种感情,其实就是童年情结与其创作的艺术之源。

　　林风眠人生情感创伤中最悲痛的莫过于母爱的缺失,它是林风眠一生的情感之殇。母亲叫阙阿带,是客家苗裔的后代,是一个善唱山歌、擅于刺绣的苗家才女。按照客家"媒妁之言,父母之命"的风俗,她嫁给了林风眠勤耕苦累的父亲——林柏恩。林柏恩是当时客家小有名气的石刻艺人林维仁的儿子。阙阿带嫁到林家后,对林家的族规非常反感,加上林风眠的父亲木讷寡言,难以交流,尤其是苗汉之间文化风俗的差异,阙阿带的生活窘境可想而知。只是小凤鸣(林风眠的小名)的到来,给这个家庭带来了一种希望。善唱山歌的阿妈爱子心切,无论在田头地尾,还在厨前灶尾,都用一个篓子把小凤鸣背在背上。小凤鸣的穿着也够有特色,都是阿妈绣的各种各样的小兜肚、小虎头鞋。阿妈心灵手巧,她绣的凤凰、花鸟、小虫栩栩如生,飞的真像飞,爬的真像爬。隔壁村庄的姑娘、妇女纷纷翻山踏水前来观看。阿妈把孩子背在篓中,在夏河的石板上洗衣服,上山砍柴、打猪草……都唱着客家山歌。小凤鸣也咿咿呀呀跟着妈妈学唱。

在宗法制度盛行的旧时代,客家有许多族规。可是,林风眠的母亲却是一个具有反封建礼教色彩、追求自由的女性。正是在林风眠6岁的时候,阙阿带因触犯族规,被家族扫地出门。6岁的小凤鸣因此失去了日夜呼唤的阿妈。这种人生之痛,深深地刺伤了林风眠,甚至影响了他一生的艺术创作。以至于后来他笔下的女子,无不带有母亲的影子,亦真亦幻。他用毛笔、宣纸和典雅的色泽,捕捉一种可望而不可及的美丽幻影,传达出压抑着和遮蔽着的爱,表现出一种爱的升华。作品中既有母性眼光的温情,也有少妇身体美的朦胧感。当然,后来他把对女性肌肤质感的表现转移到对姿势情态和文化气质的塑造。

这些女性形象具有客家妇女柔和、贤淑、温静而妩媚的特质。在林风眠的脑海中,挥之不去的是母亲的形象。无论是在学成归国之后,还是在国立美院担任校长时,林风眠几次三番派人去寻找母亲的下落,结果都是杳无音信。林风眠把对母亲的思念,转化为笔下一个个若即若离的母性形象,在情感上呈现出一种朦胧而难以诉说的悲情性。林风眠描绘的仕女表现出风韵、温馨、典雅的特征,既有东方古典女性之美,又有西方女性的高雅,是一种中西融合的美感。林风眠艺术创作的心理,是不难从心理学的理论中得到诠释的。弗洛伊德认为,文艺创作是被压抑的愿望的满足。

1924年,蔡元培邀请林风眠回国并担任北京艺术专门学校的校长。这份赏识让林风眠兴奋不已,他答应了蔡元培的提议,迫不及待地想要回国实现美术中西调和的理想。林风眠回国就职后便发表《谈东西艺术之前途》,极力主张艺术的革故鼎新。他力排众议将齐白石与法国画家克罗多请来执教,紧接着又聘请郁达夫、周作人、冰心等人来校任教。

1927 年,正当艺专在林风眠的影响下艺术气氛活跃时,蒋介石在上海发动了革命武装政变。同年 5 月,林风眠在艺专发起"北京艺术大会",并展出 2000 多幅带有讽刺、批判社会意味的画作。这下激怒了奉系军阀,他们翻出林风眠引进裸体模特之事,批判此为有伤风化,大逆不道。局面一发不可收拾,林风眠只得辞职离开了艺专。这时,蔡元培再次找到林风眠,他聘请林风眠做国立艺术院(后改名国立杭州艺术专科学校)的主任委员,林风眠未辜负蔡元培的支持,10 年间都在继续推广艺术文化,试图用美术影响社会。

林风眠的一生波折,命运多舛,饱尝痛失至亲之苦,而在精神领域,虽然不断地迁徙与奔波,却更能够吸取外族文化,更能够把自身的文化融入到外来文化之中去,从而扬长避短、为我所用,成为了一代艺术大家。他热衷生活,关心时代命运。1928 年,在革命陷于低潮的时期,林风眠不忘民族大义,高举艺术之旗。在《致全国艺术界书》一文中,他大声疾呼:"9年前中国有个轰动人间的大运动,那便是一班思想家、文学家所领导的五四运动。这个运动的伟大,一直影响到现在。无论从哪一个方面讲,中国在科学上、文学上的一点进步,非推

功于五四不可,但在这个运动中虽有蔡孑民先生郑重告诫,
'文化运动不要忘了美术',但这项曾在西洋的文化史上占得
了不得地位的艺术,到底被五四运动忘掉了;现在,无论从哪
一方面讲,中国社会人心间的感情破裂,又非归罪于五四运动
忘了艺术的缺点不可!"

作为一位艺术家,林风眠具有时代的使命与责任感,他认
为中国艺术在五四新文化运动中的地位是远远不够的,它的
社会效应远未得到重视。他进一步指出,艺术在五四运动中
的地位与作用应该等同于艺术在意大利文艺复兴时期的地位
与作用。艺术在文艺复兴时期是"占第一把交椅",同样,在五
四时期,中国艺术也应该"占第一把交椅"。林风眠为艺术而
战,始终以艺术为职志、以艺术为担当,并感召大家一起共同
努力。

在二十世纪二三十年代,林风眠的艺术创作,主要表现民
间的疾苦,体现了人道主义情怀。其作品往往取材于民间,表
现普通老百姓的喜、怒、哀、乐与"人类的痛苦"。1931 年,蒋
介石和宋美龄在西湖博览会上看到林风眠的画作《人类的痛
苦》,十分不满地质问道:"光天化日之下哪来那么多的痛苦?"
因为《痛苦》描绘了几个痛苦挣扎的人体,以灰黑作为背景衬
托惨白的死尸,画面阴森恐怖。通过此画,林风眠严厉地抨击
了当时黑暗的社会现实。《人道》则描绘了一些横七竖八、苟
延残喘的被残害的同胞的画面,其中一具冰冷的女尸和寒光
凛凛的锁链,凸显了民不聊生的时代背景。

当时中国正处于反革命"围剿"之中,形势十分严峻,稍有不慎便会招来杀身之祸。后来被称为"左联五烈士"之一的共产党人胡也频曾与丁玲来杭州游玩,林风眠盛情接待。不料胡也频回去不久就被国民党杀害了。林风眠并没有被形势吓倒,他一如既往地继续搞艺术运动。他高举"艺术救国"的大旗,奔走呼号,身体力行地又继续创作了《原始人类艺术》《我们要注意》《徒呼奈何是不行的》《中国绘画新论》《我们所希望的国画前途》等作品,在中国艺术界掀起了狂风巨浪,大大促进了中国艺术的发展。

林风眠的艺术人生,是一个不断地探索艺术并寻找真理的过程。他的学生曾经回忆:那个年代的中国是多灾多难的,那个年代的人也是颠沛流离的。许多胸怀抱负的有志之士,无奈于社会的沉浮,也随之调整着自己的人生方向。

漫长的岁月里,他甘于寂寞,不慕虚名,为中国美术界培养了众多杰出人物。他的创作采取含蓄、象征、唯美的语言,形式融合了现代主义与民间艺术、原始艺术。林风眠坚信,艺术可以拯救自己历经波折与风浪的内心,而他也愿意为艺术而殉道,不仅全身心地投入到艺术创作中去,更希望通过艺术教育拯救更多的人。

第三章

生命华章

成功的家庭教育，一定会反哺到父母并延续给子孙。对家之爱可及天下，汇聚成生命之华章。

爱是那么纯然：母亲是木心艺术追求中智者的原型

📖 人物介绍

木心（1927—2011），出生于浙江乌镇东栅栏杆桥，原名孙璞，字玉山，又名孙仰中。中国画家、文学家、诗人。其主要作品有散文集《琼美卡随想录》《散文一集》《素履之往》，诗集《西班牙三棵树》《巴珑》《我纷纷的情欲》《会吾中》，小说集《温莎墓园日记》，画集《木心画集》，绘画作品《浦东月色》《纠缦卿云》《渔村》《舞蹈者》《晴风》《朝霞》《战争前夜》《歌剧》等。

1946 年 1 月考入上海美术专科学校三年制西洋画专修科;1949 年,任杭州绘画研究社副社长;1956 年,任职于上海美术模型厂;1959 年,参加第三届全国农业展览会的设计工作;1978 年,任上海市工艺美术协会秘书长;1984 年 4 月,在台北《联合报》副刊发表《大西洋赌城之夜》文章;1985 年,在美国世界贸易中心纽约州政府画廊举行水彩画展;1986 年,从纽约艺术学生联盟毕业,并在纽约市政府画廊举行版画展;1989 年,获得美国奈希·珂恩版画奖;1999 年 10 月,《马拉格计画》《同情中断录》《鱼丽之宴》由翰音文化事业股份有限公司出版;2002 年 1 月,"木心的艺术——风景画与狱中杂记"巡回展于芝加哥大学艺术博物馆展出。2007 年 1 月,《素履之往》《我纷纷的情欲》《鱼丽之宴》由广西师范大学出版社出版;2009 年 5 月,《爱默生家的恶客》由广西师范大学出版社出版;2011 年,英译小说集《空房》在美国出版。2011 年 12 月 21 日,在浙江桐乡逝世,享年 84 岁。2012 年,听课笔记《文学回忆录》出版。

木心的《鱼丽之宴》写有这样一段:

去杭州求学读书,醉心西洋画,被寄宿所在的房东老秀才写信到家告状,说木心染上了"华尔不实"的风气。

后来,母亲去杭州看望儿子,见儿子仍然为此评价愤愤不平,便笑着对儿子说:"真的华而不实倒先得一'华',再要得'实'也就不难,从'华'变过来的'实',才是真'实'。你姐夫,实而不华,再说也华不起来,从前你父亲是正当由华转实,无奈去世了,否则我们这个家庭也不致如此,我是说,你要'华',可以,得要真华,浮华可不是华……"

有这样的母亲,才会有木心这样的儿子吧。

在乌镇木心故居纪念馆,有一张"全家福",一家五口在自家后花园里的合影。时值 1931 至 1932 年间,孙璞(木心)和父亲孙德润、母亲沈珍、大姐姐彩霞、小姐姐飞霞在一起,其乐融融。可是好景不长。1933 年,父亲孙德润旧病复发不治身亡,时年木心只有 7 岁。从此,母亲沈珍一人独挑大梁(管家郑阿海继续主持庄园管理)。果然不负公婆生前厚望,沈珍将孙家里里外外处理得井井有条。

沈珍一如公婆笃信佛道,积德行善,平时含辛茹苦,督促二女一子课读。女儿彩霞和飞霞均毕业于乌镇立志小学(校址在茅盾故居隔壁),后又送嘉兴省立二中就读。可惜飞霞在读中学时染病,回家后诊治无效而去世。彩霞由孙家至交黄妙祥介绍,与南浔镇某纸店的王济诚择吉完婚。王济诚夫妇的子女颇多,其中有个女儿叫王剑芬,在植材小学百年校庆时与校友会有过几次书信往来，还寄来了资助款，学校里也给她寄去了纪念册和纪念品，她有个儿子叫王韦，在舅舅木心病危时，从北京赶到乌镇守护与送别。木心逝世 2 周年以后的 5 月 25 日，王韦还赶到乌镇参加了木心故居纪念馆的开馆仪式。

母亲是木心的第一任老师，言传身教、潜移默化，对木心的一生产生了深远的影响。有一次母亲去外婆家办事。一伙表姐妹兄弟来木心家玩，听得街上走江湖的算命瞎子一声声"叮、叮……"使人兴起欲知祸福的好奇心。少年木心突发一个奇想，欲戳穿算命一派胡言。设计是巧妙的：他们扶陈妈（女佣）出来，叫她"奶奶""外婆"。陈妈报了生辰八字，瞎子凝神掐指，悠悠问道："老太太可是记错了生辰八字？"接着愠怒道："如果是府上用人的八字，差不多。我算！"少年木心骑虎难下就说："就算'差不多'，你讲吧！"瞎子弹起三弦，连说带唱："早年丧父母，孤女没兄弟，三次嫁人，克死二夫，一夫尚在，如狼似虎……"最后，陈妈逃回厨房号啕大哭。这件事母亲知道后心里不快。母亲常说孙家能有今天都是菩萨所赐，不可暴殄天物，天理昭昭，善恶必报。母亲严肃地对儿子说："做人要讲慈善，不能捉弄人。聪明要用在正事上。"其实，母亲很欣赏儿子的聪慧，也重视孩子单纯直觉的眼光。不论女佣男工，凡是将要参与他家生活的外来者，母亲都会悄悄地询问儿子意见。如果后来证明受雇者确实行事有方，忠心得力，母亲会高兴地称赞并鼓励他："要学会识人。"

　　木心的母亲既能干又通文墨, 稍有空闲, 她就进书房读书。

　　夏天的夜晚, 一家人坐在后花园的亭阁中乘凉时, 母亲会教木心背诵《易经》的口诀。木心从小读的唐诗都是母亲教的。即使在"逃难"时, 也不忘教他读书。在《文学回忆录》中, 木心讲述:

> 　　"教我读杜诗的老师, 是我母亲, 时为抗战逃难期间。我年纪小, 母亲讲解了, 才觉得好。因此, 闹了话柄: 有一次家宴, 谈起沈雁冰(茅盾)的父亲死后, 他母亲亲笔作了挽联。有人说难得, 有人说普通, 有人说章太炎夫人汤国梨诗好(汤是乌镇人), 我忍不住说:'写诗么至少要像杜甫那样才好说写诗。'亲戚长辈笑, 有的认为我狂妄, 有的说我将来要做呆头女婿, 有的解围道:'童言无忌, 童言无忌。'更有挖苦的, 说我是'四金刚腾云, 悬空八只脚'。我窘得面红耳赤, 想想呢, 自己没说错, 要害是'至少'两字, 其他人根本没有位置, 亲戚们当然要笑我亵渎神圣……"

　　木心回忆的这件事, 正是发生在木心母子从乌镇逃难到嘉兴之时, 在木心表哥家的家宴上。当年, 木心的表哥邵传统在嘉兴开设禾光眼科医院已小有名气。患难见真情。邵传统对他们母子悉心照拂, 代为租屋安顿, 住了一段时间。

　　1943 年, 母亲为了让木心报考杭州艺专, 母子俩就到杭州

开纸店的女婿王济诚家"避难",姐姐、姐夫为木心母子租了房子,让木心在西子湖畔读书作画。木心在《战后嘉年华》一文中说:

　　"1943年,我住在盐桥蘋附近的'南书屋'……独进独出,一心要做那种知易行难的艺术家,书越买越多……"

　　不久,王济诚的纸店也倒闭了,木心乃姐彩霞、姐夫王济诚从杭州迁至上海浦东高桥镇定居。安顿好以后,木心姐姐、姐夫立即邀请木心母子前往定居,好有个照顾。从此,木心母子在高桥镇落脚,木心也有了安心读书的机会。

　　1946年,木心以同等学力考入上海美术专科学校。木心的母亲沈珍一直住在女儿家,1956年病逝于上海浦东高桥镇。

　　晚年木心回忆起母亲,坦言母亲是自己艺术创作的能量源泉。学者发现,"母亲"在木心散文艺术中的象征意义,如在《童年随之而去》中,"母亲"是一位"预言者",以其历练和智慧教导叙述者勇于坦然地面对万物可朽的真谛,接受现实中的文化式微但却不悲观绝望。用木心的原话说,是对"绝处死地有可能出现再生(Renaissance)"要抱有希望。

　　"母亲"的"预言"就充满了意义和智慧。这句"很轻很轻"的"预言"其实是"母亲"作为一个过来人以其经验给后生提示的智慧。与其说"母亲"是预言者,毋宁说她是有智慧的过来人:"有人会捞得的,就是沉了,将来有人会捞起来的。只要不碎就好……这种事以后多着呢。""母亲"的话使"我"意识到一切都会崩坏的悲观的同时,又肯定希望的存在。"童年"虽然已去,但比"童年"更珍贵的母亲的"预(鉴)言"却沉淀在叙述者的内心,酝酿成一种精神。

——出自《童年随之而去》

母亲的智慧对于木心散文叙述者的精神建构有着关键的作用,也直接影响了他面对劫难的态度。特殊年代,他不辩解不哭泣,闷声不响,克制悲伤。历史在向前进,个人的悲喜祸福都化掉了。他对自己有一个约束:"从前有信仰的人最后以死殉道,我以'不死'殉道。"多少人选择自杀,死亡总是如此容易,然而木心选择了难的,他要存活,在狱中坚挺了 12 年。纵使大家平反了,他却迟迟没有,待平反之日便坐飞机到人民大会堂负责修缮。如此戏剧人生,木心老先生谈起来却不掺泪水,而是满带微笑。这或许就源自对母亲预言的笃信,生活本就是一天天不容易过也容易过,他经历了多次各种"置之死地而后生",一切崩溃殆尽的时候,总对自己说:"在绝望中求永生"。

母亲去世后,艺术代替"母亲"成为了"智者原型"的象征,引导叙述者无畏地面对绝境,获得超越善恶刻板观念的判断。

> 但是，当时只知"艺术"使人柔情如水，后来浩劫临头，才知"艺术"也使人有金刚不坏之心。每次音乐会终场出来，夜深街静，满身的音符纷纷散入黑暗的凉风中，肉体在发育时期感到肌腱微微胀痛。智力在充实催酵，也有微微的胀痛，别人从音乐中得到什么我不知道，我得到的是道德勇气，贝多芬已用音符直白地说出来了。
>
> ——出自《鱼丽之宴》

至此，艺术成了木心的亲人。木心曾经写道："从中国出发，向世界流亡，千山万水，天涯海角，一直流亡到祖国，故乡。"诗里向往的流亡，兜兜转转，终究还是达成了。1982年，56岁的木心只身一人来到了美国纽约。暮年之时，孤身一人漂泊他国，照样读书、听音乐、作画、畅谈古今中外，别人眼中的冷冷清清，却是他的自由自在，80岁之际，木心从美国回到乌镇，在老家花园的废墟上新建起一座小楼，周围绿树丛生，名曰"晚晴小筑"，是其晚年隐居之所。"少小离家老大回"，故乡面目全非，游子双鬓染白归来。木心很多绝美的诗句逐渐为大众所熟知，其中，最著名的就是那首《从前慢》：

清早上火车站
长街黑暗无行人

> 卖豆浆的小店冒着热气
>
> 从前的日色变得慢
>
> 车　马　邮件都慢
>
> 一生只够爱一个人

2011年,回到家乡后的第五年,木心病逝,享年84岁。

葬礼上,不曾婚娶,无儿无女的他,迎来了全国各地百名读者的悼念,大声诵读着木心的诗句:"我是一个在黑暗中大雪纷飞的人哪。"

木心曾在《论命运》中写道:"命运对我真是一贯仁慈,它的耐心实在太好,用漫长的悲惨安排洪福。"岁月从来不饶人,生在哪个时代是我们无法选择的,要感谢木心智慧的母亲,是她早期的教育,让世人有机会了解一个木心,一个纯然年轻的木心,一个把苦难过成诗的木心,一个笑对一切恶意的木心,一个选择孤独的木心。"不疾不徐做自己想做的事,缓缓地成为自己想要成为的样子,这才是人生的真谛。"或许,这就是他想用一生给我们的启示。

> 万头攒动火树银花之处不必找我,
>
> 如欲相见,我在各种悲喜交集处。

朱熹二十六代孙：贯通中西美学的大师朱光潜

📖 人物介绍

　　朱光潜(1897—1986)，别名孟实，安徽桐城人。中国美学家。1922年毕业于香港大学文学院。1925年留学英国爱丁堡大学，致力于文学、心理学与哲学的学习与研究，后在法国斯特拉斯堡大学获哲学博士学位。1933年回国后，历任四川大学、武汉大学、北京大学教授。1946年后一直在北京大学任教，讲授美学与西方文学。1986年3月6日，朱光潜逝世。主要著作有《悲剧心理学》《文艺心理学》《西方美学史》《谈美》等。此外，他的《谈文学》《谈美书简》等理论读物，深入浅出，内容切实，文笔流畅，对提高青年的写作能力与艺术鉴赏能力颇有启迪。

　　1897年9月19日，朱光潜出生于安徽桐城县阳和乡吴庄，谱名来润，字润霖，为朱熹的二十六代孙。祖父朱道海是一名廪生，主持过孔城镇桐乡书院。父亲朱延香虽科举不第，但笃志于学，在家乡开设私塾学馆，深受中国传统文化影响，曾手书一副对联，挂在厅堂上："绿水青山任逍遥岁月，欧风亚雨听诸儿扩展胸襟。"可见，父亲豁达开明，心存高远，寄希望于后辈,希望朱光潜兄弟们开阔眼界,扩展胸襟,有所作为。

在这种氛围影响下,作为长孙,朱光潜不负厚望,6 岁志于学,背诵四书五经;10 岁时,他学写策论,积累大量写作方法。15 岁那年读了半年高小便升上了离家 25 千米的桐城中学。在桐城中学,朱光潜接受严格的"义理,考据,辞典"训练,文章写得神似欧阳修。朱光潜成绩优异,甚至一些教师都指望他来接桐城派古人的一脉之传。然而,朱光潜思索着,思索着父亲所写的对联中的"欧风亚雨",思索着从父亲及其朋友们那边听说的有关社会改良的新鲜事。

机遇总垂青于有准备的头脑,一个偶然的机会,朱光潜考取了去香港学习的公费生。他废寝忘食,博览群书,西方的哲学、文学、自然科学开启了他年轻的心扉。英国文学中的浪漫主义,近代心理学,自由平等新观念,使得朱光潜对"欧风亚雨"的渴求越加不可收拾。后来,他开始了赴英、法的长期留学生涯,还游历了欧洲许多国家。也许有人以为朱光潜的长期国外学习根本不属于家庭教育的内容,其实,那恰恰是那副对联启蒙的延续。

恐怕朱光潜的父亲从来没有想过,悬挂在厅堂里那副他亲自手书的对联,竟然构建了朱光潜一生追求的原始起点。

朱光潜从小就接受了父亲关于"做真正的人"的熏陶。那还是年幼的时候,父亲教给朱光潜一首诗:"半亩方塘一鉴开,天光云影共徘徊。问渠哪得清如许?为有源头活水来。"朱光潜很喜欢朱熹的这首《观书有感》,把它当作做人、做学问的座右铭,时时加以吟咏,以此激励自己。"问渠哪得清如许? 为有源头活水来。"朱光潜先生在治学方面不断求新,在做人方面也两袖清风,正直公正。他小时候就认为,要保证学问上的常新,要保证修养上的进步,就必须不断地探索,不断地学习,向书本学习,向别人请教。

朱光潜先生喜欢常新——源头的活水,他总有做不完的工作。他对自己平时的作息时间十分严格,每天早晨出去慢跑或散步,时间算得很准确。朱光潜平日也用各种办法避免不必要的应酬,他认为这种应酬,对人对己都是一种无谓的浪费。小时候,他可以在父亲的书房里看书写字,但常常有人走动,于是,他更愿意一个人躲在草垛上看书,直到夜色降临。这种习惯到了成年时,就成了他的"隐居"式工作方式,他常常到一个不为人知的地方工作、学习。因为他知道吸收新知识比什么都重要。

受父亲的家教熏陶,朱光潜在自己的治学生涯中,也喜欢用楹联的形式,对自己进行警诫,只是这种"楹联"不仅仅悬挂在厅堂之上,也是刻在心中的座右铭。

第一次,是在香港大学教育系求学时,梅舍小房间里挂着"恒、恬、诚、勇"四个大字。这是桐城名家方守敦为他所写。恒,恒心;恬,恬淡;诚,诚实;勇,勇气。

第二次,是在英国爱丁堡大学时,他把美学定为终身事业,遭到导师史密斯教授竭力反对,告诫道:"美学是一个泥潭,玄得很。"他扪心自问,再立座右铭:"走抵抗力最大的路!"

第三次，是回国任教时，他立了六字铭："此身、此时、此地。"显然，第一次是做人求学之志，第二次是事业抉择，这回是实践原则：此身能做的，决不推诿；此时该做的，决不推延；此地当做的，决不等待。

朱光潜一生有两任妻子，生育有 3 个孩子。他对后代、青年的教育，就是"多读书"。

> "尤其要紧的是养成读书的习惯，是在学问中寻出一种兴趣。你如果没有一种正常嗜好，没有一种在闲暇时可以寄托你的心神的东西，将来离开学校去做事，说不定要被恶习惯引诱。"

朱光潜在《给青年的十二封信》中提到，很多名人都有长期阅读的习惯。富兰克林幼时在印刷局里做小工，白天忙于繁重的体力活，晚上常常通宵达旦地读书。孙中山在工作繁忙之余，依旧坚持每天抽空翻上几页书，还会记录下自己的思考。

朱光潜本人亦是如此，一有时间就泡在图书馆里，如饥似渴地阅读各国名著。读书，就是用最小的成本，获取最高效成长的捷径。

与优秀灵魂对话，能开阔你的眼界；与卓越思想碰撞，能充实你的灵魂。一个人读书越多，境界就越高，不会再为眼前的琐事沉沦，不会被一时的困顿难倒。以书本搭建起内在世界,任凭风雨猛烈攻击,也不会轻易地坍塌。

朱自清曾对挚友朱光潜评价道,相信读过先生作品的人亦有所感:"他散布希望在每一个心里,让你相信你所能做的比你想你所能做的多。"

朱光潜不仅治学严谨,更关心下一代教育,从生理健康到心理健康。

> 懒,所以萎靡因循,遇应该做的事拿不出一点勇气去做;
>
> 懒,所以马虎苟且,遇不应该做的事拿不出一点勇气去决定不做;
>
> 懒,于是对一切事情朝抵抗力最低的路径走,遇事偷安取巧,逐渐走到人格的堕落。
>
> ——出自《谈体育》

有些青年人缺乏应有的朝气,对一切缺乏真正的兴趣和浓厚的热情。

> 他们的志向大半很小,在学校只求敷衍毕业,以后找一个比较优裕的差缺,姑求饱暖舒适,就混过这一生。
>
> ——出自《谈青年的心理病态》

还会对青年最烦恼的交友与恋爱问题给与忠告：

人的性格难免有瑕疵棱角，如私心、成见、骄矜、暴躁、愚昧、顽恶之类，要多受切磋琢磨，才能洗刷净尽，达到玉润珠圆的境界。朋友便是切磋琢磨的利器，与自己愈不同，磨擦愈多，切磋琢磨的影响也就愈大。

你自己是怎样的人，就会得到怎样的朋友。你拿一分真心待人，人也就拿一分真心待你。"爱人者人恒爱之，敬人者人恒敬之。"人不爱你敬你，就显得你自己有损缺。你不必责人，先须反求诸己。

朋友往往是测量自己的一种最精确的尺度。你自己如果不是一个好朋友，就决不能希望得到一个好朋友。要是好朋友，自己须先是一个好人。

——出自《谈交友》

恋爱是人格的交感共鸣，所以恋爱真纯的程度以人格高下为准。

一般人误解恋爱，境过则情迁，色衰则爱弛。我愿青年应该懂得恋爱神圣，我却不愿青年在血气未定的时候，去盲目地假恋爱之名寻求泄欲。

——出自《谈多元宇宙》

这些文字，如父如母如导师，诚诚恳恳地跨越百年时光来问候，以文学为载体，化美育于无形，给与一代又一代的年轻人以关爱。

牧笛扬华音，满腔赤子心：从农家走出的音乐家贺绿汀

📖 人物介绍

贺绿汀(1903—1999)，湖南邵东人。中国作曲家、音乐教育家、音乐理论家。1926 年加入中国共产党。1931年考入上海国立音乐专科学校。早年参加湖南农民运动和广州起义。

抗日战争全面爆发后，参加上海救亡演剧队第一队，后在重庆育才学校任教；皖南事变后，参加新四军，在军部和鲁迅艺术学院华中分院从事音乐创作和教学工作。1943 年赴延安，任陕甘宁晋绥联防军政治部宣传队音乐教员，延安中央管弦乐团团长。1945 年后在华北大学任教。解放战争时期，任华北文工团团长；中华人民共和国成立后，任上海音乐学院院长，中国文联第四届副主席，中国音乐家协会第二、三届副主席，第五、第六届全国政

协常委。贺绿汀先生将主要精力放在音乐教学上。他一直担任上海音乐学院院长的职务,并创办了上海音乐学院附中和附小,为国家培养了大量优秀音乐人才。1999年4月27日在上海逝世,享年96岁。

主要音乐作品有歌曲《天涯歌女》《四季歌》《嘉陵江上》,钢琴曲《游击队歌》《牧童短笛》等,管弦乐《森吉德玛》《晚会》等。著有《贺绿汀音乐论文选集》。

中国长江岸畔,有一个美丽的湖泊,洞庭湖。

洞庭湖南部,有一个人杰地灵的省份,湖南。

1903年,贺绿汀生于湖南邵阳一户贫苦的农民家庭。当时,中国大地天灾人祸接连不断,老百姓们食不果腹,衣不蔽体。常言道,饥者歌其食,劳者歌其事。幼年的贺绿汀,在民歌、谣曲、咏叹的萦绕中成长。他于青山绿野间,终日放牛、拾柴,以自然为伴,视天地为侣。也唯有这种不谙世事的赤子,才能真正聆听天籁,领悟天音的奥秘。父母发现贺绿汀天资聪颖,紧咬牙关也要供他上学。贺绿汀承载着全家的期望,终日发愤苦学。

1923年,贺绿汀以第一名的成绩考入长沙岳云中学,就读于艺术专修学科,专攻绘画与音乐,让这个农户之家初尝骄傲。

1931年,贺绿汀一举考入上海国立音乐专科学校,修读西洋乐器钢琴与声学。当时的贺绿汀虽然已经成年,但没有收入,家中也无钱支持。他只能住在一个裁缝店的顶楼,冬日冰冷,夏天酷热。长期的逆境使贺绿汀的斗志愈加燃烧,他每天一边学习,一边创作;同时还紧密地注视着音乐界的动态,即使是渺茫得不能再渺茫的机会也要争取。就这样,贺绿汀苦苦坚持了好几年,吃穿住行都低人一等,却没有任何收获。他不禁疑惑,难道"天道酬勤"只是一种自我安慰的幻想么?

对贺绿汀而言,1934 年,就如黎明前的黑夜,茫茫一片漆黑。

一天,正彷徨无计的贺绿汀,看到了一则"征集中国风格钢琴曲"的启示,整个人就像吃了还魂丹,立刻活了起来。启示写道,优胜获奖者不仅能获得 100 元奖金,还有免费出国留学的机会。

这对贺绿汀而言,简直是喜从天降。幼时放牛对歌的经历让他对中国风非常熟悉。口里哼着幼时的童谣——小牧童,骑牛背,短笛无腔信口吹。贺绿汀才思泉涌,一发不可收拾。他将自己关在闷热的小屋顶,抛开一切苦楚,专心撰写钢琴曲。《牧童短笛》《摇篮曲》和《往日思》就这样诞生了。怀着激动的心情,贺绿汀小心翼翼地将作品寄往上海。

见贺绿汀这样不顾一切地努力,有人就问他:"你以为你这样投入,幸福的光芒就会照耀到你?"

贺绿汀义正言辞地说,这次大赛是俄国杰出的作曲家、钢琴家齐尔品举办的,参赛者的姓名严密封锁,绝对没有黑幕。

更为重要的是,贺绿汀刻苦钻研了多年,好不容易遇上一次真正的大赛，怎么能够等闲视之。

最终，皇天不负有心人，贺绿汀凭借《牧童短笛》荣获一等奖；《摇篮曲》也获奖了，获名誉二等奖。

《牧童短笛》对中国音乐人而言，意义非同一般，它是我国第一首飞向世界的钢琴作品，至今久演不衰。贺绿汀一曲成名，成为国内外瞩目的作曲家，这一年，经大音乐家聂耳介绍，贺绿汀进入明星电影公司，担任作曲股长。作为共产党人的追随者，贺绿汀也参与了左翼电影事业，先后为《船家女》《都市风光》《十字街头》和《马路天使》等电影配乐。

20 世纪 30 年代，有两支歌曲红极一时，那就是贺绿汀为《马路天使》谱写的《四季歌》和《天涯歌女》。

抗日战争全面爆发后，贺绿汀放弃平静的生活，加入抗日救亡演剧队，先后奔赴武汉、郑州、重庆等地演出，着力宣传抗日。在山西临汾，在微弱的煤油灯光下，贺绿汀创作了昂扬激越的《游击队歌》。该歌一经演唱，即红遍长城内外。皖南事变后，贺绿汀对反动派彻底失望，决然离开重庆。几经周折，吃尽苦头，终于找到新四军，受到刘少奇和陈毅的热烈欢迎。两年后，贺绿汀来到延安，见到了毛泽东等中央领导人。毛泽东极力夸赞《游击队歌》写出了军民的愤慨和士气。

1946 年，贺绿汀担任中央管弦乐团团长、中央音乐学院副院长等职。中华人民共和国成立后，贺绿汀回到学校，出任上海音乐学院院长。他将大部分精力放在教学上，从建立分校到完善教学设施，再到聘请教师，贺绿汀全心操劳。在他事必躬亲的辛劳下,上海音乐学院为国家培育了不少音乐人才。

1999 年 4 月 27 日,贺绿汀病逝于上海,享年 96 岁。贺绿汀的一生,是勤勤恳恳艰苦奋斗的一生,也是堂堂正正仗义执言的一生。

他不仅为人民的幸福奋斗不止,也为世界的正义歌咏不休。在很多人心里,贺绿汀的音乐就是幸福、光明、正义的化身。

他的学生们为他题写的一副挽联,真正道出了贺绿汀的一生:

> 牧笛扬华音,战歌壮国魂,
> 灿烂乐章谱春秋,满腔赤子心;
> 真言荡浊流,铁骨傲鬼神,
> 浩然正气耀日月,一身报国情。

结语

家庭与艺术,是追求真善美的道路

艺术是人类对世界的期冀与情感,不同的环境、不同的时代、不同的人会有不同的表达,且表达还有很多途径,通过语言是一种表达,通过绘画是一种表达,通过书写、音乐、舞蹈,都是一种表达,甚至通过烹饪、种植……汇聚成了错综复杂、繁密绝美的艺术地图。

在 19 世纪末到 20 世纪中叶的这段特殊日子里,士大夫阶级土崩瓦解、资产阶级背负着民族存亡的重任奋然兴起、底层人民积极呐喊发声,社会的动荡、思潮的变革,致使那时的家庭教育没有固定的模式,这使得要完整揭示"中国近现代名人家庭教育"这个命题无从下手。而本卷涉及的艺术家案例,更为特殊。虽然他们均是影响中国近现代艺术教育的大师,但他们的人生跌宕起伏,从出身、受教育,到婚娶、生育,再到事业、成就,几乎没有标准可循。有的大师出生书香世家,有的却是一介农夫;有的父母饱读诗书,有的却连亲生父母都没见过;有的婚配是情投意合,有的却终身未娶;有的子女众多,有的无儿无女只把满腔柔情赋予学生……笔者在梳理大量资料的过程中,逐渐明晰,他们最大的共性只有一个——艺术。这艺术不仅仅是技艺,更是一种对美好的追求,一种对现实的表达,一种对生命的态度。这艺术的根,来自他们的童年,有的是甜,有的是苦,一旦成长起来,就能给他们带来不一样的人生。

抓住了这个核心点,笔者就不再感到惧怕,因为我们终于可以追溯,在那个环境恶劣的时代大师之所以成为大师的密码,也终于能够懂得无论古今中外,教育的真谛是鼓励一个人成为更好的自己。而这些,才是真正可以对我们当代家庭教育有所启示的部分。

洋洋洒洒写完之际,希望大家合上这本书的时候,想到的是林风眠笔下的侍女,是木心散文中的智者,是贺绿汀优美的旋律,是朱光潜的谆谆教诲,是管平湖的高山流水,是张充和的袅袅清音……这些因为早期启蒙而存在的艺术表达,伴随着大师璀璨的人生轨迹,也注定会照耀每一个追寻的后人。

学习艺术表达的方法,就像学习吃饭一样,是一种生存技能,只是它们服务的是心灵与情智。我们强调的家庭教育,不是要求家长做一个完美权威的职业家长,而是希望每一个家长意识到,那些不完美的存在可以用艺术的方式去平衡、去弥补、去改善。诚如朱光潜说的:这个世界之所以美满,就在于有缺陷,于是,有希望的机会,有想象的田地,有无限的可能。

其实,在笔者看来,父母就是最伟大的艺术家,因为我们要用爱去孕育另一个生命,要用信心去克服每一个孩子成长过程中的困难,要用智慧去包容每一个不如意的现状。正因为如此,我们需要艺术,去丰富我们的感知,打开我们的眼界,坚定我们的信念,不断进步,充满能量地执着向前。

后记

　　亲子之爱与家庭之教，是人间至纯的情感和至善的理性，也是人类绵延不息的奥秘。

　　在人间所有的情感与智慧中，父母对儿女的爱，对儿女的教诲，是最为深沉、最为独特的一种。这种爱和叮咛，蕴藏着无可替代的力量，宛如繁星点点，烛照着人类在时光隧道里缓缓前行。卡尔·马克思说："还有什么比父母心中蕴藏着的情感更为神圣的呢？父母的心，是最仁慈的法官，是最贴心的朋友，是爱的太阳，它的光焰照耀、温暖着凝聚在我们心灵深处的意向。"

　　父母，总是把孩子视为生命中最重要的部分，用全部的心血去呵护、去照拂，恨不得将世间所有的善意和庇护都倾注在儿女身上。这份爱和教导无怨无悔，无私无畏，理性深刻，如同太阳一样辉煌，如月亮一样清澈，为儿女的成长提供了无穷的力量和向上的动力。而孩子对父母的回报，对父母的尊敬和关心，对父母的反哺和光耀，也是他们内心最深的情感表达。他们为父母分担忧虑，为父母奔波在路，陪伴父母慢慢变老，把家族的荣光发扬光大。

　　亲子之爱与家庭之教，广大无边，无处不在。无论儿女走到哪里，无论父母身处何方，这份情感和理性都会如影随形，弥漫在儿女的头顶和天空,无比深厚,无比真挚。它是情感和智慧的传递,更是生命和精神的延续。它以一种春风化雨、润物无声的方式,流淌在人类社会的每一个角落。无论时代如何变迁,无论世事如何变幻,父母对儿女的深情眷顾,儿女对父母的虔诚回报,始终都在,从未改变。

回望中国近现代时期名人名家的家庭教育实景,重温那些散落在时光深处的亲子温情与家教智慧,体味其中的温馨、理性、深远和绵长,就是一种最好的学习和领悟。

也因此,父母所在的那个家,是我们人生之旅的始发港,也是人生回归的目的地。

加拿大教育家维吉尼亚·萨提亚说:"我相信家庭与外界是决然不同的,它可以充满爱,关怀及了解,成为一个人养精蓄锐的场所。"

对于那些深受父母之爱和家教之光滋润的成熟儿女,他们所能达到的理想高度应该是这样的——他们发展了父母双方的良知,既能保持和父母的紧密关系,又能创新传承父母的进取精神,并由此成为父母的至爱和传人。这,正是"名人家庭教育丛书"呈现给我们的精髓之所在。

"名人家庭教育丛书"的顺利出版,首先要感谢上海开放大学副校长王伯军。王校长领衔的"名人家庭教育丛书"编委会在广泛调研的基础上确立了丛书的选题、框架和表达风格。其次要感谢上海开放大学非学历教育部部长王松华研究员,王部长自始至终全程参与了丛书的策划和实施,为丛书的顺利完成不断助力。

"名人家庭教育丛书"能够如期付梓，还要感谢八位作者，他们从国家开放大学、上海财经大学、中国福利会、上海开放大学总校及分校汇集到一起，在丛书编委会的指导下独立思考，潜心写作，高效完成了丛书的写作。在此，向八位作者表示由衷的敬佩和感谢！

"名人家庭教育丛书"的圆满出版，更要感谢上海远东出版社程云琦主任带领的编辑团队，他们为丛书的设计、审阅出版付出了辛勤劳动和专业智慧。

本丛书从制定撰写方案到完稿前后只有一年半时间，加之作者撰写经验有限，丛书难免有疏漏或不当之处，敬请读者批评指正！

"名人家庭教育丛书"主编　杨敏